`A Robert,
Bonne Chance!
Nicole

Québec 1993

Comment animer un groupe

Couverture

- Maquette et illustration:
  MICHEL BÉRARD

Maquette intérieure

- Conception graphique:
  ANDRÉ DURANCEAU

DISTRIBUTEURS EXCLUSIFS:

- Pour le Canada et les États-Unis:
  LES MESSAGERIES ADP*
  955, rue Amherst, Montréal H2L 3K4
  Tél.: (514) 523-1182
  Télécopieur: (514) 521-4434
  * Filiale de Sogides Ltée

- Pour la Belgique et le Luxembourg:
  PRESSES DE BELGIQUE S.A.
  Boulevard de l'Europe 117
  8-1301 Wavre
  Tél.: (10) 41-59-66
       (10) 41-78-50
  Télécopieur: (10) 41-20-24

- Pour la Suisse:
  TRANSAT S.A.
  Route du Grand-Lancy, 2, C.P. 125, 1211 Genève 26
  Tél.: (41-22) 42-77-40
  Télécopieur: (41-22) 43-46-46

- Pour la France et les autres pays:
  INTER FORUM
  13, rue de la Glacière, 75624 Paris Cédex 13
  Tél.: (33.1) 43.37.11.80
  Télécopieur: (33.1) 43.31.88.15
  Télex: 250055 Forum Paris

Le document *Comment animer un groupe* est une
réalisation de L'Office de Catéchèse du Québec.

André Beauchamp   **Roger Graveline**   **Claude Quiviger**

Comment animer un groupe

LES ÉDITIONS DE L'HOMME*

CANADA: 955, rue Amherst, Montréal H2L 3K4

*Division de Sogides Ltée

Bibliothèque nationale du Québec
Dépôt légal — 1er trimestre 1976

ISBN-0-7759-0482-1

Avant-propos

Un outil peut être utilisé de mille et une façons pour faire mille et une choses. N'importe quel petit bonhomme armé d'un marteau vous en fera une brillante démonstration! C'est la même chose pour ce dossier. Il peut être utilisé de mille et une façons pour faire mille et une choses en animation et en éducation des adultes.

réalisé pour des animateurs de groupes sur le terrain ...

Un peu partout, dans des organismes bénévoles, dans des associations de toutes sortes, dans des services publics, dans de multiples projets, des gens se réunissent pour faire quelque chose ensemble. Mais travailler avec d'autres, c'est souvent un défi. Favoriser la participation, la bonne entente, l'efficacité, cela nécessite un minimum de compétence en plus de la bonne volonté.

Nous avons fait ce dossier d'abord pour ceux qui animent un groupe pour la première fois de leur vie, avec souvent la peur au ventre; et aussi pour ceux qui ont déjà un peu d'expérience en animation de groupes mais qui veulent se perfectionner ou y voir plus clair.

Nous avons voulu ce dossier simple et clair. Il ne dit pas tout, mais nous espérons qu'il dit le principal. Evidemment, les spécialistes et les vieux routiers de l'animation n'y trouveront pas leur compte, car il n'est pas fait pour eux.

par des
éducateurs
d'adultes

Les auteurs de ce dossier ne sont pas des spécialistes patentés en animation de groupes. Mais il y a belle lurette qu'ils font de l'animation et organisent des projets en éducation des adultes, travaillant toujours en lien étroit avec des collaborateurs dans tout le Québec.

Ce dossier s'inspire de leurs expériences personnelles, de diverses études faites sur le travail de groupe et surtout des réactions des milliers d'animateurs de groupes avec lesquels ils ont travaillé ces dernières années. Les problèmes évoqués et les solutions proposées viennent donc tout droit de l'expérience.

Une sorte de
«self-
service»

A la fin du livre, vous trouverez une liste des principaux points traités: allez à ce qui fait votre affaire d'abord.

Mais si vous voulez flâner, on ne vous en voudra pas!

Avec l'espoir d'être utiles à quelqu'un quelpart, nous vous souhaitons bonne chance dans votre promenade!
Les auteurs

1. Test personnel pour s'évaluer comme animateur

Le test comporte douze questions. Chacune de ces questions envisage une situation précise et propose trois réponses. A vous de vous situer dans le type de réponse qui correspond le mieux à votre comportement naturel (une réponse par question). Une grille d'interprétation des résultats suit la série de questions.

Les situations réelles sont en général plus compliquées que celles qui sont évoquées par le test. Mais nous espérons cependant que ce test indicatif pourra vous aider à situer vos propres tendances et, par le fait même, à mieux vous préparer au rôle d'animateur de groupe. A condition bien entendu, d'y répondre de la façon la plus vraie possible. De toutes façons, il ne s'agit pas de faire un tableau d'excellences, mais de se mieux connaître soi-même.

1. Avant une réunion, j'ai tendance

1. à tout préparer et à tout prévoir jusque dans le moindre détail

2. à préparer un cadre général de rencontre

3. à compter avant tout sur le groupe

2. Au début d'une réunion, j'ai tendance

1. à indiquer au groupe la démarche qu'il serait bon de suivre

2. à proposer plusieurs démarches à la discussion et au choix du groupe

3. à faire confiance au groupe pour qu'il trouve lui-même sa démarche

3. Face à des idées fermement opposées aux miennes, j'ai tendance

1. à m'en tenir à mes idées de façon ferme et parfois agressive ou passionnée

2. à continuer à discuter pour approfondir les points de vue de chacun

3. à laisser à chacun sa liberté

4. Quand quelqu'un critique directement ce que je dis ou fais, j'ai tendance

1. à essayer de le persuader que j'ai raison

2. à lui poser des questions ou à renvoyer la
question à tout le groupe pour préciser

3. à le laisser dire, puis à passer à autre chose

5. **Quand le groupe prend une direction différente de la direction décidée par l'ensemble du groupe au départ, j'ai tendance**

1. à ramener rapidement et fermement le groupe à la démarche prévue sans discussion là-dessus

2. à rappeler au groupe ses premières options pour qu'il se resitue

3. à faire confiance au groupe sans intervenir

6. **Dans un groupe, j'ai habituellement tendance**

1. à dire ce que je pense, dès le départ, indépendamment de ce que pensent les autres

2. à attendre le moment le plus favorable pour la marche du groupe compte tenu de mes idées et de celles exprimées par les autres.

3. à m'exprimer comme ça vient, selon l'humeur du moment

7. **Dans une réunion, j'ai tendance à considérer un conflit comme**

1. un mauvais moment, à dénouer le plus vite

possible en rappelant fermement le groupe à l'ordre

2. une réaction de groupe normale, qu'il faut vivre sans l'escamoter, même si c'est affectivement dur

3. quelque chose qui va se régler de soi-même

8. Face à un silencieux dans le groupe, j'ai tendance

1. à l'interpeller directement pour qu'il parle et que le groupe sache enfin ce qu'il pense

2. à être attentif pour le relancer à un moment opportun, mais sans forcer

3. à respecter son silence, sans lui accorder d'attention spéciale

9. Pour connaître l'avis du groupe sur une question, j'ai tendance

1. à utiliser souvent le tour de table où chacun peut et doit s'exprimer

2. à relancer la question de diverses façons aux divers membres du groupe

3. à laisser la parole à ceux qui s'expriment le plus, considérant que chacun peut s'exprimer s'il le veut

10. Dans la recherche des buts visés, je mise d'abord

1. sur le sens des responsabilités de l'animateur, car c'est lui le principal responsable

> 2. sur le sens des responsabilités de chaque membre du groupe, même si cela prend du temps avant que chacun se sente responsable du groupe
>
> 3. sur le sens des responsabilités des leaders naturels du groupe, que les autres finissent toujours par suivre

11. Je ressens l'évaluation comme

> 1. un moment difficile, à ne pas trop prolonger, devant porter uniquement sur les résultats objectifs atteints par le groupe
>
> 2. un moment difficile, possiblement enrichissant, devant porter à la fois sur les résultats atteints et sur le fonctionnement interne du groupe
>
> 3. un moment dont je ne vois pas tellement l'utilité

12. Si la demande du groupe aboutit à des résultats différents de ceux que j'ai prévus, j'ai tendance à me dire

> 1. c'est un échec
>
> 2. cela correspond peut-être mieux aux vrais besoins du groupe
>
> 3. c'est dommage, mais c'est ainsi

Interprétations des résultats

Selon nous, les réponses 1 indiquent une tendance à animer de façon autoritaire;
les réponses 2 indiquent une tendance à animer de façon démocratique;
les réponses 3 indiquent une tendance à animer de façon débonnaire ou au laisser-faire.

Si vous avez

— de 10 à 12 réponses 1: attention, autoritarisme dangereux.

— de 6 à 9 réponses 1: surveillez bien vos tendances profondes à vouloir tout mener.

— de 1 à 5 réponses 1: quelques tendances autoritaires à surveiller.

— de 10 à 12 réponses 2: animateur démocratique idéal.

— de 6 à 9 réponses 2: vous avez en mains de très bons atouts pour animer un groupe démocratiquement.

— de 1 à 5 réponses 2: pas mal de chemin à faire encore pour animer de façon démocratique.

— de 10 à 12 réponses 3: vous êtes en plein laisser-faire et ne tenez pas votre rôle d'animateur.

— de 6 à 9 réponses 3: vous avez de fortes tendances à laisser aller les choses comme elles viennent, ce qui nuit au groupe.

— de 1 à 5 réponses 3: quelques tendances au laisser-aller à surveiller.

Pour plus de renseignements sur ce que veulent dire les

expressions «animateur autoritaire», «animateur démocratique», «animateur débonnaire», voir le chapitre 5, pages 31
à 35.

2. On apprend toute sa vie

TOUT CHANGE SI VITE *

Le monde va vite!

Notre société change vite, très vite. On est essouflé. On ne sait plus bien où l'on va. D'où la nécessité de faire le point, de s'arrêter pour regarder, pour comprendre. Nous recevons tant de messages de tellement de sources différentes que nous avons l'impression que notre tête va éclater. Alors, il faut s'arrêter pour voir clair.

Rien n'est jamais terminé

Tout va si vite. Et surtout, tout change tout le temps. Les mots naissent et meurent vite. Les réalités sociales n'arrê-

---

* Le passage intitulé «Tout change si vite» est reproduit du document *Dossier d'animation* — *Chantier 75*, d'André Beauchamp, Roger Graveline et Claude Quiviger, Montréal, Fides, 1974, p. 5.

tent jamais d'évoluer. Il faut se mettre au pas, se renouveler. On n'est jamais en possession tranquille de la vérité. Nous avons au contraire à nous ajuster, à prendre le rythme, à nous refaire continuellement. Aujourd'hui, l'éducation est continue, permanente.

Même pour les adultes

Dans notre tête, il y a les enfants et les adultes. Les enfants, on les forme, les adultes, eux, sont censés être formés. Pourtant, c'est moins clair, moins tranché que ça. Parce qu'un adulte aussi est appelé à changer, à faire des découvertes. Son développement n'est pas terminé. Il y en a qui apprennent à lire à 40 ans, qui découvrent tout d'un coup la politique, qui s'intéressent subitement à des choses qui ne leur disaient rien auparavant. Penser un adulte arrivé, ce serait désespérer de lui. Car un adulte aussi peut progresser, grandir d'une certaine façon.

Même les adultes sont éducables.

Une éducation «populaire»

Il y a une sorte d'éducation qui n'a rien à voir avec les diplômes, où l'on est soi-même son propre professeur, d'une certaine manière. Cette éducation vient du désir de connaître, de se perfectionner, de développer en soi toutes ses ressources. Elle n'a pas de fin et un peu comme l'amour, elle est très libre tout en étant très exigeante. Elle est la soeur de la curiosité. Elle est complice de la croissance, elle est amie de la fantaisie et de la gratuité. Elle est plus soucieuse de la compétence réelle que des résultats acquis. Elle est proche de la vie et des défis de tous les jours, plus pratique que théorique. Elle peut porter sur la politique ou sur la mécanique, sur la santé ou sur l'alimentation, sur le logement ou sur la cuisine. Avec elle, on apprend à vivre. Non pas à vivre tout seul, mais à vivre avec les gens de son milieu.

C'est un peu cela qu'on appelle l'éducation populaire. On peut la trouver partout, du syndicat au comité de citoyens, du cercle de cuisine au club de l'âge d'or.

L'éducation populaire veut aider les adultes à apprendre aux niveaux du savoir, du savoir-dire, du savoir-faire, du savoir-être. De tels apprentissages ne sont jamais terminés à cause des changements rapides et surtout à cause du besoin d'apprendre et de se développer qui caractérise la personne humaine.

ON APPREND SURTOUT EN AGISSANT

Il y a beaucoup de manières d'apprendre. Or, l'école de notre enfance nous a quasiment limités à une seule façon d'apprendre: l'élève écoute le maître dans une classe. Nous étions censés apprendre avec notre tête seulement.

Mais il y a bien d'autres façons d'apprendre. La première source du savoir, c'est la vie de tous les jours. Par exemple, apprendre à être père ou mère, cela se fait dans la vie et pas en théorie. Il en va de même partout: pour comprendre ce qu'est la société de consommation ou les problèmes de son quartier, de son rang, rien de tel que de réaliser des actions pour changer ou améliorer la situation existante. En réalisant une action, on est amené à acquérir des connaissances nouvelles; on est amené aussi à être actif et participant. L'action permet d'apprendre à la fois avec sa tête, avec son coeur et avec ses mains.

Par exemple, regarder un diaporama et bâtir un diaporama sont deux apprentissages très différents. Dans le premier cas, on reçoit; on s'ouvre aux idées et aux sentiments des autres; ou apprend à les écouter, à discuter avec eux. Dans le deuxième cas, on donne; on dit; on s'affirme; on se comprend mieux soi-même en créant; on découvre ses aptitudes et aussi ses limites; on apprend à manipuler des appareils; on apprend à travailler avec d'autres. En fait, l'apprentissage par l'action est à peu près toujours le plus riche.

RENDRE L'APPRENTISSAGE ADULTE PLUS FACILE

Il y a des choses qu'on apprend vite et d'autres diffici-lement. Il y a des moments où on se sent bloqué et d'autres où ça va tout seul. Et on ne sait pas trop pourquoi. Des spécialistes en éducation des adultes on essayé de trouver les conditions qui rendent l'apprentissage plus fa-cile. Nous nous inspirons ici d'un éducateur américain, Gérald J. Pine. Selon lui, l'apprentissage des adultes est plus facile quand les conditions suivantes sont réunies:

— Ambiance qui favorise la participation.

L'animateur se fait discret pour laisser le plus de place possible à l'apport du groupe, car on ne «remplit» pas les gens de connaissances; la connaissance vient le plus souvent des gens eux-mêmes qui ont une expérience derrière eux; co-naître, cela veut dire d'abord naître à soi-même et au réel en s'appropriant son expérience per-sonnelle.

— Démarche qui permet aux gens de découvrir et d'exprimer leurs besoins réels.

On ne s'intéresse généralement qu'à ce qui nous touche directement; il est à peu près inutile d'imposer un pro-jet à un groupe quand ce projet ne colle pas aux besoins et intérêts réels du groupe tels qu'il les perçoit et les exprime.

— Démarche qui met en valeur les idées, les sentiments, les façons de voir de chaque personne et qui accepte les différences d'opinion entre personnes comme une chose bonne et acceptable.

Les gens ne sont pas des machines anonymes; plus ils

sentent qu'on apprécie leur apport au groupe, plus ils y fonctionnent bien; par ailleurs, plus les apports sont diversifiés, parfois même contradictoires, plus la démarche risque d'être finalement riche et féconde; le fait de pouvoir exprimer librement ses opinions et ses sentiments sans se sentir humilié ou gêné est un facteur très positif pour l'apprentissage; cette liberté apprend aux membres du groupe quelque chose de fondamental: avoir confiance en soi-même.

— Démarche qui reconnaît aux gens le droit de se tromper. L'erreur fait partie de toute démarche d'apprentissage et il y a souvent autant à apprendre en se trompant qu'en réussissant; cela suppose que les erreurs, tout en étant corrigées, ne soient pas pénalisées d'une façon ou d'une autre.

— Démarche qui donne le temps d'apprendre. Quand on est tendu par l'idée d'arriver tout de suite à «la» bonne réponse ou quand l'animateur livre tout de suite «la» bonne réponse (ou supposée bonne), on n'apprend pas à chercher par soi-même; on apprend peut-être «des choses», mais on n'apprend pas à apprendre.

— Démarche par laquelle le groupe et l'individu peuvent eux-mêmes évaluer leurs progrès. Quand on a la possibilité de se juger soi-même, on apprend toujours beaucoup plus qu'en se soumettant à une appréciation venant de l'animateur.

— Démarche où on se sent accepté. Quand quelqu'un se sent forcé à changer, il se sent rejeté dans son être propre: cela bloque à peu près automatiquement toute possibilité d'apprentissage; par contre, quand on peut librement conserver ses propres valeurs, on peut aussi s'ouvrir à du nouveau, car on ne se sent pas contraint.

3. L'animateur, pilier du groupe

Au sens strict du terme, l'animateur d'un groupe est le «technicien» qui aide un groupe à bien fonctionner en cours de réunion. Dans ce dossier, le mot animateur veut dire cela bien sûr. Mais il peut aussi désigner l'organisateur d'une démarche bien plus vaste. Nous ne nous limiterons pas au sens technique strict, sans l'exclure toutefois.

L'ANIMATEUR EST NÉCESSAIRE

Que le groupe soit grand ou petit, un animateur est nécessaire. Sinon, on tourne en rond, on fait tout et rien, on s'ennuie. Dans beaucoup de groupes, l'animateur est aussi le responsable du groupe.

Il est important que la personne qui tient le rôle d'animateur soit clairement reconnue par tous comme tenant ce rôle, avec les prérogatives et les obligations qui s'y rattachent.

FONCTIONS DU POSTE

L'animateur a spécifiquement la charge de coordonner et de structurer l'ensemble de la démarche du groupe. Cela signifie:

— aider le groupe à identifier ses besoins, à se donner un but, à réaliser ce qui a été décidé et à évaluer ce qui a été fait;

— veiller à ce que le groupe demeure fidèle aux buts qu'il s'est proposé d'atteindre et à l'organisation qu'il s'est donnée pour cela;

— assurer le lien entre les membres du groupe;

— animer techniquement le groupe lors des rencontres, (cette question sera détaillée plus loin);

— motiver les membres du groupe à aller de l'avant;

— veiller à la bonne marche générale de ce qui a été décidé par l'ensemble des membres du groupe.

COMPÉTENCES REQUISES

La compétence s'acquiert surtout à l'expérience et nul n'est compétent du premier coup. L'animateur devrait cependant posséder:

— un minimum de connaissance de son rôle d'animateur;

— un minimum de connaissance des principales lois de l'animation de groupe;

— un minimum de connaissance du sujet débattu;

— une bonne compréhension des buts généraux du projet auquel il participe et la capacité de les expliquer au groupe;

— un peu d'expérience en animation, si possible (mais il faut bien commencer pour la première fois un jour!).

APTITUDES REQUISES

Il s'agit de talents et de dispositions personnelles que

chacun possède plus ou moins au départ et qui peuvent être développés. Un bon animateur de groupe:

— doit être convaincu de la valeur de la démarche entreprise s'il veut motiver les autres;
— est capable de structurer le travail d'un groupe;
— est capable de faire face à diverses situations relationnelles: agressivité, passivité, etc.;
— est capable de «mettre en veilleuse» ses idées personnelles pour laisser toutes chances aux autres d'exprimer les leurs;
— est capable d'écouter réellement et de comprendre les autres.

C'est en pratiquant qu'on acquiert des aptitudes et qu'on les développe. Même si on n'est pas sûr de les posséder toutes au départ, on ne perd rien à tenter l'expérience de l'animation de groupe si on en a envie. Car c'est un énorme service à rendre à un groupe que de l'aider à bien fonctionner.

4. L'animateur doit-il tout savoir?

Non, l'animateur ne doit pas tout savoir car son rôle n'est pas de donner des réponses, mais d'animer. Sur une question précise, il doit en savoir suffisamment pour comprendre le sens des interventions et les situer les unes par rapport aux autres.

DISTINGUER ANIMATEUR ET EXPERT

Il est très important de faire la différence entre animateur et expert (ou personne-ressource: les deux termes ont ici le même sens). Par exemple, un groupe bâtit un projet sur le budget familial:

L'animateur n'a pas besoin d'être un expert sur la question du budget; il n'a même pas besoin d'en savoir autant que les autres membres du groupe: **son premier rôle est d'aider le groupe à poser ses questions, à y trouver des réponses d'une façon ou d'une autre et non de répondre lui-même à toutes les questions;** toutefois une connaissance suffisante de la question est requise pour animer correctement le groupe.

Qui va faire **l'expert** sur la question? **Ce peut être un membre du groupe; ou encore tous les membres du groupe ensemble; ou encore un invité extérieur au groupe.**

A partir du moment où un groupe s'attaque à une situation de vie vécue par tous ses membres, nous croyons que ceux-ci sont plus ou moins experts sur la question, puisqu'ils en ont l'expérience (expert-expérience). Nous avons trop facilement pris l'habitude de chercher l'avis de spécialistes, oubliant que notre expérience nous donne tout à fait le droit de penser et de parler.

Retrouver une juste confiance en soi-même: c'est là le premier pas à faire pour échapper aux définitions souvent abstraites et lointaines des «spécialistes». Car si l'ouvrier ne parle pas pour l'ouvrier ou le cultivateur pour le cultivateur, qui donc pourrait parler à leur place de façon juste? Personne. Les meilleurs spécialistes d'une question sont ceux qui vivent la situation au jour le jour: l'université de la vie vaut souvent bien plus que les universités officielles.

EN PRATIQUE . . .

En pratique, surtout dans les petits groupes, l'animateur est parfois en même temps un expert de la question débattue. En ce cas, quand il tient ce rôle, il doit le dire explicitement afin que le groupe ne se sente pas manipulé. En un sens, c'est tant mieux: le groupe trouve immédiatement réponse à ses besoins sans avoir à faire une foule de démarches.

En un sens, c'est tant pis: le groupe risque de s'en remettre complètement à l'animateur-expert et de devenir passif, comme de petits enfants devant «le maître». Dans les grands groupes, il est plus facile de distinguer l'animateur ou organisateur d'une rencontre et l'expert ou conférencier-conseiller-invité.

Pour résumer, on peut dire que le rôle de l'animateur est avant tout du côté de l'organisation, de la démarche du groupe. Pour bien animer, il ne lui est nullement nécessaire d'être un expert sur le contenu discuté, mais il lui faut cependant un minimum de connaissances pour intervenir avec bon sens dans la discussion.

5. Trois genres d'animateurs

Chaque animateur de groupe fait son travail d'animation selon son tempérament: certains sont débonnaires, d'autres autoritaires, d'autres conciliants, etc. Cela est vrai, mais en partie seulement, car aucun animateur n'est placé d'avance et à jamais dans un genre donné d'animation. L'important pour chacun est de savoir quelles sont ses tendances et au besoin, de veiller à les corriger.

Trois genres d'animateurs sont ici analysés: l'animateur **autoritaire;** l'animateur **démocratique;** l'animateur **débonnaire** ou partisan du laisser-faire.

Dans un projet éducatif qui vise la croissance et le développement des personnes et des groupes, nous pensons fermement que **seule une animation de type démocratique est valable à long terme,** même si elle ne semble pas toujours la plus efficace à court terme.

Il se peut que dans d'autres situations, dans l'industrie par exemple où on vise l'efficacité et le rendement immédiat, un autre type d'animation soit plus approprié. Tout dépend des buts précis qu'on vise lors d'une rencontre Mais de façon générale, autant dans l'industrie, dans l'administration que dans l'éducation, on gagne toujours à favoriser la participation maximale et donc à utiliser un type d'animation démocratique.

GRILLE D'ANALYSE

Le tableau qui suit est schématique et un peu caricatural. Dans la réalité, personne n'a de personnalité

Aspects relevant du rôle de l'animateur	Animateur autoritaire
Cadre de la rencontre (local, table, chaises ...)	Prévoit tout à l'avance. N'en discute guère avec le groupe.
Choix de l'objectif	Appelle le groupe à discuter d'un objectif déjà choisi et qu'il ne soumet pas au choix de celui-ci. Par la suite, très strict sur la fidélité à cet objectif tel que lui le comprend. En cas de désaccord dans le groupe, tend à imposer sa perception.
Choix des procédures et des activités	Prévoit à l'avance les procédures et activités. En informe le groupe, mais sans demander d'autres suggestions. N'accepte pas de déviance ... ce qui provoque souvent des départs.

aussi tranchée. Chacun y mettra les nuances appropriées.

Animateur démocratique	Animateur débonnaire
Prévoit certaines choses à l'avance. En discute avec le groupe pour faire des améliorations ou des changements selon les désirs exprimés.	A part le lieu de rencontre, ne prévoit à peu près rien.
Demande au groupe de formuler ses objectifs; aide le groupe à choisir de la façon la plus éclairée; c'est le groupe qui décide. Une fois le choix fait, maintient fermement le groupe dans l'objectif choisi. Donne à chacun sa chance d'exprimer sa perception de l'objectif.	Ayant posé la question de façon très générale, laisse le groupe aller à sa guise. L'objectif retenu risque de n'être pas vraiment choisi par le groupe, mais imposé aux autres par les leaders naturels du groupe. D'où des frustrations chez certains membres du groupe
Propose un éventail de procédures et d'activités possibles. En sollicite d'autres. Aide le groupe à faire son choix. Une fois le choix fait, maintient le groupe dans ce choix de façon ferme et souple.	Ne pense guère à proposer des procédures et des activités. S'il le fait c'est de façon très vague. Le groupe est «réquisitionné» par les leaders, même si cela ne convient pas à tous. D'où des frustrations chez certains.

Aspects relevant du rôle de l'animateur	Animateur autoritaire
Relations dans le groupe	Membres du groupe centrés sur l'animateur, mais peu de communication entre eux. Climat tendu à la longue, mais on a l'impression d'être efficace. Beaucoup d'hostilité et d'agressivité. Certains membres sont transformés en boucs émissaires.
Participation	L'animateur mène tout, fait tout, règle tout. Les membres font ce que l'animateur leur dit de faire, sans initiative de leur part.
Evaluation	L'animateur a tendance à fuir l'évaluation et à ne pas lui accorder d'importance. S'il y est obligé, il impose sa façon à lui de la faire et évite les remises en question de son rôle et de ses attitudes. Il a plutôt peur des réactions du groupe.

Animateur démocratique	Animateur débonnaire
Communication à multiples sens: de l'animateur aux membres; des membres entre eux et vice-versa; après un départ qui a pu paraître lent, s'installe un climat détendu de confiance et d'amitié, source de véritable efficacité.	Climat de «happening» par moments. Formation de clans. Isolement de certains membres. Impression de tourner en rond et de perdre son temps.
L'animateur remplit son rôle d'animateur, les autres jouent leur rôle de membres. Répartition des tâches faite ensemble. Tous les membres prennent des initiatives et ont des responsabilités.	L'animateur laisse faire. Initiatives de certains membres (leaders); passivité des autres.
L'animateur attache une grande importance à l'évaluation; il en choisit les mécanismes avec le groupe de façon à ce que tous les domaines possibles soient évalués. Il n'en a pas peur, car même en cas d'évaluation négative de ses attitudes par le groupe, il y voit avant tout une occasion de se perfectionner.	L'animateur ne pense pas à l'évaluation. S'il le fait, c'est de façon très générale et superficielle. Ce qui finalement n'apprend rien à personne.

6. Les membres d'un petit groupe

Un groupe qui ne compte pas plus de dix membres peut être considéré comme un petit groupe. Un nombre de 7-0 personnes (membres) semble idéal pour la réalisation d'un projet: pas trop gros, mais assez quand même pour permettre des apports variés. Nous verrons ici les facteurs qui influencent la vie d'un petit groupe.

ÉLÉMENTS FACTUELS

L'âge des membres du groupe est un élément important; selon qu'on a un groupe de jeunes, de gens d'âge moyen ou de gens âgés ou encore un groupe avec des âges mélangés, on peut s'attendre à des manifestations propres à chaque âge ou à des interactions entre groupes d'âges. Le fait de travailler avec des gens d'âge variés en particulier peut démolir ou enrichir le groupe selon le parti qu'on en tire.

Le **sexe** des membres du groupe est aussi source d'interactions: un groupe entièrement masculin ou entièrement féminin ne réagira pas de la même façon qu'un groupe mixte. Dans un groupe mixte, même si personne n'en parle, jouent très fortement les réactions d'attirance, de sympathie ou d'antipathie, réactions parfois bien plus importantes que l'accord ou le désaccord des idées exprimées. Cela joue aussi dans les groupes «unisexes», mais moins fortement.

Le **cadre matériel** dans lequel a lieu la rencontre a souvent plus d'importance qu'on ne le croit sur la participation des membres et sur leur impression de bien-être ou de malaise. Faire une réunion dans une salle impersonnelle ou la faire dans le salon d'une maison privée, cela change beaucoup de choses. Dans une maison privée, il y a une touche personnelle plus intime, mais certains peuvent se sentir «débiteurs» de celui qui reçoit et être moins libres pour exprimer leurs idées, surtout si elles lui sont opposées. Dans une salle impersonnelle, chacun est sur le même pied; personne ne doit rien à personne; mais le climat du groupe risque de rester plus froid, moins communicatif.

LE LEADERSHIP DANS LE GROUPE

Contrairement à ce que l'on serait porté à penser, le leadership n'est pas le privilège d'un seul membre du groupe. Il s'agit plutôt d'un pouvoir collectif qui appartient au groupe en tant qu'il est un groupe. Le leadership dans le groupe, naît et s'alimente de l'interaction des membres entre eux, de leur influence les uns sur les autres, avec les nombreuses variations que peut prendre cette influence.

Dans tout groupe, chaque personne agit sur le groupe, les uns davantage, d'autres moins, les uns par la force, d'autres par la gentillesse, certains par la ruse, d'autres par la spontanéité, etc. Le leadership d'un groupe se distribue donc variablement selon les personnes du groupe, selon l'activité accomplie, selon telle ou telle période de la vie du groupe, selon les énergies de chacun.

Le leadership est donc la propriété de tous les membres d'un groupe, qui le partagent et qui l'assument variablement.

RÔLES LIÉS AU LEADERSHIP

Dans un groupe, certaines personnes sont favorisées par des traits de caractère: elles prennent de l'importance sur les autres à cause de leur forte personnalité. Ce sont elles que l'on appelle leaders ou **meneurs naturels**. D'autres membres exercent aussi un certain pouvoir sur le groupe à cause de leurs ressources ou de leurs fonctions: **l'expert**, (spécialiste dans un domaine) **la personne en autorité**, (patron, supérieur) et l'**animateur**. L'animateur, cependant, exerce son influence par la tâche que lui a confiée le groupe: aider celui-ci à atteindre son objectif.

Donc, l'animateur n'a pas à avoir peur des meneurs naturels, des experts, des personnes en autorité qui se trouvent dans le groupe. Seul un animateur autoritaire en a peur. En fait, ces diverses personnes sont une chance pour le groupe, si l'animateur parvient à «exploiter» à fond leurs qualités. Ainsi par exemple, un groupe sans meneur naturel est un groupe morne, ennuyeux. Mais il est vrai que le meneur, l'expert ou la personne en autorité ne sont pas toujours de tout repos. Parfois, l'animateur doit les tempérer un peu pour qu'ils ne «poussent» pas tout le groupe dans leur sens!

RÉACTIONS ENTRE LES MEMBRES D'UN GROUPE

Même si on n'en parle pas, même si on ne revient pas là-dessus pour analyser ce qui se passe, il se passe quand même beaucoup de choses entre les membres d'un petit groupe (en paroles ou dans les attitudes ou intérieurement). Chaque groupe a son visage propre, mais des études très scientifiques sur les phénomènes de groupe ont permis d'établir les quelques faits suivants:

Dans un groupe animé de façon autoritaire, l'hostilité

est trente fois plus fréquente que dans un groupe animé de façon démocratique; on y constate aussi huit fois plus de réactions agressives. Incapables de se dresser contre l'animateur parce qu'il est trop fort et trop menaçant, le groupe transforme certains de ses membres en boucs émissaires et liquide sur eux son agressivité et son hostilité.

Dans un groupe animé de façon autoritaire, on trouve beaucoup plus de passivité que dans un groupe démocratique: puisque l'animateur prévoit et fait tout, les membres ne se sentent pas responsables et deviennent passifs.

Tout groupe «produit» à la fois des forces qui stimulent la participation des membres et des pressions qui la paralysent. Moins la situation est claire (on ne sait pas où on va, qui anime, qui mène, etc.), plus les membres ont tendance à devenir dépendants des autres et à taire leurs propres idées.

Les conflits font partie de la vie normale d'un groupe vivant: car un groupe vivant, c'est un groupe où il y a une lutte continue entre compétition et collaboration. Ce qui est anormal, c'est d'étouffer toute possibilité de conflits.

La participation des membres à la vie du groupe est d'abord liée au degré de reconnaissance et d'acceptation qu'on sent chez les autres membres: se sentir accepté sans être jugé ou catalogué, c'est la clef de la participation.

Plus le groupe est important numériquement, plus le comportement des membres est centré sur l'animateur ou sur les leaders naturels.

Les gestes, les postures, les mimiques, etc. pèsent parfois plus lourd sur le climat du groupe que les paroles.

Ecouter les autres, c'est autre chose que de tendre une oreille polie en attendant son tour de parler; c'est un effort réel pour comprendre ce que l'autre veut dire, compte tenu de ce qu'il est, de ses sentiments, de son contexte de vie. L'attention polie n'est en rien un dialogue, mais un simple vernis qui n'avance à rien.

7. Techniques pour animer un petit groupe

PERSONNALITÉ DE L'ANIMATEUR

Le bon animateur de groupe est quelqu'un qui possède certaines aptitudes naturelles: capacité d'être attentif, d'écouter réellement; bon équilibre; qualité de présence aux autres, chaleur humaine; personnalité forte et contrôlée; esprit de synthèse pour savoir distinguer l'essentiel de l'accessoire et aider le groupe à faire le point et à s'évaluer. Ne pas oublier cependant qu'à dose plus ou moins forte dorment en chacun de nous un petit fasciste (animateur autoritaire) et un petit démissionnaire (animateur débonnaire): l'attitude démocratique est beaucoup plus une attitude qui s'acquiert qu'un donné naturel.

RÔLE DE L'ANIMATEUR EN RÉUNION

L'animateur doit avoir une idée claire de son rôle et le tenir au mieux. Seule l'expérience d'ailleurs permet de s'améliorer: aucun animateur de groupe n'est parfaitement prêt lors de sa première expérience.

Le rôle de l'animateur dans une réunion peut se résumer par les points suivants:

— préciser le but du travail du groupe;
— faciliter les échanges d'opinion (par des questions, des suggestions, etc.);
— donner aux différents points de vue une chance égale d'être pesés et examinés par le groupe;
— maintenir l'ordre dans la discussion;
— accorder avec justice le droit de parole;
— ramener les déviants sur le sujet adopté au départ;
— clarifier le sens des diverses interventions quand elles prêtent à confusion;
— faire de temps à autre le point (résumé) de ce qui s'est dit ou fait;
— sans éviter l'expression des différences ni les conflits possibles, essayer de garder le groupe de toute émotivité excessive;
— faire la synthèse de la réunion (petite évaluation à la fin d'une réunion; et synthèse de ce qui s'est dit ou fait à la rencontre précédente, au début d'une nouvelle réunion).

L'ANIMATEUR PEUT-IL EXPRIMER SES PROPRES OPINIONS?

En principe, l'animateur est là pour faciliter l'expression des opinions des autres et non pour donner les siennes. Si, à un moment donné, il juge opportun de dire ce qu'il pense du sujet discuté, cela doit être fait avec un maximum de prudence pour ne pas «embarquer» le groupe. En ce cas il doit dire: «Je quitte mon rôle d'animateur pour être participant comme vous». Le prestige que lui donne son rôle d'animateur fait que le groupe ne demande souvent qu'à le suivre tête baissée.

Mais, en réalité, la tâche d'animer un groupe est assez accaparante pour qu'elle devienne à peu près incompatible avec la tâche de participant. Un chevauchement de ces deux rôles par la même personne risque d'être préjudiciable à la marche du groupe et de laisser croire à une manipulation.

INDICATIONS TECHNIQUES POUR AIDER LES MEMBRES À DISCUTER

La question-test

Question pour définir un mot ou une idée employée par plusieurs dans des sens différents; pour définir un mot inconnu ou compliqué ou encore pour clarifier un point obscur ou qui n'est pas connu de tous.

Ex:

«Il y en a plusieurs qui parlent de participation ici, mais je me demande si nous mettons tous la même chose sous le même mot. Toi, Jacques et toi, Lucie, est-ce que vous pouvez nous dire ce que signifie ce mot pour vous?»

L'appel direct à la participation

Question posée à un silencieux pour le faire parler (ne pas forcer car il y a des gens réellement taciturnes, qui participent quand même), ou encore pour donner la parole à quelqu'un qui, par un geste ou une mimique, a exprimé le désir de parler.

Ex:

«Toi, Paul, tu n'as pas encore eu l'occasion de dire ton mot là-dessus. Qu'est-ce que tu en penses? (ou) J'aimerais bien savoir ce que tu en penses.»

Le renvoi de la question

Il arrive souvent, surtout au début, que les membres du

groupe posent des questions à l'animateur parce qu'ils ont besoin de savoir ce qu'il pense. La plupart du temps, surtout au début, il vaut mieux que l'animateur ne réponde pas à toutes ces questions ou qu'il le fasse très brièvement. Le mieux est de renvoyer la question à celui qui l'a posée ou à un autre membre du groupe ou à tout le groupe.

Question-écho:

La question est renvoyée à celui qui l'a posée.

Ex:

— Marie: «Ça fait un bout de temps qu'André propose quelque chose à propos des loisirs dans la paroisse. J'aimerais savoir ce qu'en pense l'animateur.»

— L'animateur: «Qu'est-ce que tu en penses toi, Marie?»

Question-relai:

La question est renvoyée à un autre membre du groupe.

Ex:

Marie pose une question à l'animateur. L'animateur renvoie la question posée à Jean-Louis (bonne occasion de donner la parole à un silencieux).

Question-miroir:

La question est renvoyée à l'ensemble du groupe.

Ex:

Marie pose une question à l'animateur. L'animateur renvoie la question posée à tout le groupe.

Le reflet-élucidation

On s'arrête pour analyser ce qui se passe, au plan affectif, entre les participants. Cela n'est pas à multiplier, mais à des moments chauds (tension, agressivité, passion), il peut être excellent, avec l'accord du groupe, que l'animateur propose de laisser de côté le contenu de la discussion pour un moment, pour s'arrêter et essayer de voir clair dans les réactions entre participants. Si le groupe réussit à passer le test de telles analyses, il n'en sera que plus fort. Mais si ces moments de tension ne sont jamais élucidés, il en restera une sorte de malaise et il y a risque que l'agressivité déborde des cadres de la réunion. (Encore une fois, les conflits sont un phénomène normal dans un groupe vivant: le tout est de les traiter de façon adéquate.)

Ex:

Michel vient de faire une violente sortie contre les commerçants de détail qui, selon lui, haussent leurs prix de façon excessive. Or dans le groupe, il y a deux commerçants de détail. Ils se sentent visés. Les autres sont silencieux et gênés. Silence de tout le groupe.

L'animateur peut alors dire: «Michel vient de dire des choses plutôt raides contre les commerçants de détail. Je crois que certains dans le groupe se sentent attaqués et d'autres gênés. Ce serait peut-être bon qu'on en parle clairement pour mieux comprendre ce qui se passe entre nous. Autrement, on risque de traîner tout le temps un malaise. Qu'en pensez-vous?»

A éviter: la question à hypothèse, c'est-à-dire le genre de question qui contient déjà une réponse ou qui pousse à répondre dans un sens donné. Par exemple, toutes les questions du genre: Ne pensez-vous pas que?... Ne devrions-nous pas?... Le type de formulation de la question pousse à répondre: «Oui, bien sûr». Cela ne laisse pas l'auditeur libre de sa réponse. Mieux vaut adopter une formulation neutre: «Pensez-vous que... Devrions-nous...» Face à une telle question, les participants demeurent aussi libres de répondre oui que non.

8, Des cas difficiles dans un petit groupe

LE SILENCE PROLONGÉ D'UN PARTICIPANT

Il y a des gens qui n'aiment pas parler, c'est un fait. Dans un groupe, à la longue, le silence d'un participant peut cependant devenir accablant ou menaçant pour le groupe. On aimerait bien savoir ce qu'il pense. Il revient à l'animateur d'interpeller le silencieux d'une façon ou d'une autre, mais toujours de façon discrète, sans forcer. Au besoin, en discuter avec lui, en dehors de la réunion. On n'oubliera pas cependant qu'un silencieux peut, en fait, participer pleinement et un bavard, être tout à fait hors de la course: ne pas se fier aux premières apparences.

LE BAVARDAGE INTEMPÉRANT D'UN PARTICIPANT

Ce sont des gens qu'on repère vite dans un groupe et qui, aussi vite, exaspèrent tout le monde. Sans retirer injustement le droit de parole à ce participant, l'animateur peut lui demander expressément d'être bref; au besoin, en résumant le discours du bavard en quelques phrases et en passant ouvertement la parole à quelqu'un d'autre. Si ce traitement ne suffit pas, il reste à l'arrêter carrément: «Ecoute, tu as déjà pas mal parlé. Il y en a d'autres dans le groupe qui voudraient eux aussi s'exprimer.»

LES DÉVIANTS

Il y a des gens qui, véritablement obsédés par leurs problèmes, n'arrivent pas à en sortir et ramènent toujours la discussion sur eux (un peu comme certains «anciens combattants» avec leur guerre).

Tant que ces gens n'auront pas réussi à «se vider» de leur problème, il est inutile de chercher à les intéresser à autre chose: ils ne sont tout simplement pas capables d'écouter; tout ce qu'ils entendent est interprété dans la perspective de leur problème (quand ils entendent . . .).

Il revient à l'animateur et au groupe de canaliser le mieux possible ces déviants, peut-être en retenant leur problème pour un moment opportun (au café par exemple). De toutes façons, l'animateur n'a pas à craindre de paraître désagréable en s'opposant à de telles déviances: cela fait clairement partie de son rôle que de tenir le groupe à l'intérieur du sujet discuté.

LES FUITES DU GROUPE

Lorsque le groupe aborde des points délicats ou très sensibles, on perçoit souvent des «fuites», c'est-à-dire des conduites d'évitement, par peur de se compromettre, peur d'aborder un sujet trop brûlant, peur de blesser, peur des conclusions auxquelles on pourrait arriver, etc.: par exemple on renvoie la question à plus tard; ou on veut former un comité *ad hoc;* ou on se met à faire de l'ironie et on change de sujet; ou encore on part dans un grand discours contre les gouvernements et les autorités; ou enfin on déclare qu'on n'a pas compétence pour traiter cette question. Il y a parfois du vrai dans toutes ces objections et il importe d'en tenir compte. Mais, assez souvent, elles sont une manière de fuir un problème délicat.

L'animateur peut clairement relever ce qui se passe dans le groupe, la façon dont le groupe s'évade de la question ou l'évite, comme s'il refusait un obstacle. Si le groupe, après cette analyse de l'animateur, continue à vouloir s'évader de la question, il y aurait sans doute mauvaise grâce d'insister. Mais ce peut être aussi l'occasion d'une vraie discussion sur une vraie question: ce qui est la plus sûre façon de faire démarrer un échange très fécond.

LES SILENCES DU GROUPE

Personne ne parle. L'animateur doit résister à la tentation de rompre le silence: cela revient à un participant. Si le silence est trop long et s'il s'agit d'une manifestation de tension ou de gêne, l'animateur pourrait «interviewer» le groupe sur le sens de ce silence.

9. Techniques pour animer un grand groupe

Le chapitre «Techniques pour animer un grand groupe» est presque en totalité extrait du document *Dossier d'animation — Chantier '75,* d'André Beauchamp, Roger Gravelinc et Claude Quiviger, Montréal, Fides, 1974, pp. 24—32.

En grand groupe, on a toujours tendance à utiliser une seule façon de fonctionner: la conférence. Des siècles de cours magistraux à l'école nous ont habitués à cette façon de faire à tel point que souvent on est persuadé qu'il n'y a pas d'autres possibilités.

Or il y a d'autres possibilités moins «magistrales». Les pages qui suivent présentent quelques techniques possibles de travail en grand groupe. Pour chaque technique, on trouvera une présentation, une évaluation et des indications sur le rôle de l'animateur responsable. Ces techniques sont toutes très simples et ne nécessitent aucun matériel important: il suffit d'avoir un local, une table, des chaises.

LE COLLOQUE

Description:

— Discussion devant un auditoire.
— Comprend de 6 à 8 personnes (3 ou 4 représentants de l'auditoire, 1, 2, 3 ou 4 personnes-ressources ou experts).
— Animé et dirigé par un modérateur.

Divers rôles:

— Le modérateur dirige les procédures.
— Les représentants du groupe posent des questions, expriment des opinions, soulèvent des points qui seront traités par la ou les personnes-ressources.
— Les personnes-ressources répondent aux questions, expriment des opinions, en somme, aident le groupe à approfondir la question.
— Le reste du groupe écoute et intervient occasionnellement (au gré du modérateur).

Critères du choix du colloque
comme mode d'animation d'un grand groupe:

Cette technique est intéressante quand on veut stimuler l'intérêt d'un groupe sur un sujet; identifier, clarifier ou résoudre un problème; identifier et explorer diverses perspectives; amener des experts à intervenir précisément là où sont les vrais besoins de l'auditoire; donner à l'auditoire la possibilité de comprendre les différents aspects d'un sujet; soupeser les avantages et les désavantages d'un projet; réduire la barrière habituelle entre un grand groupe et les personnes-ressources; donner aux personnes-ressources l'occasion de situer les connaissances et les attitudes de l'auditoire par rapport à un sujet.

Avantages et limites du colloque:

— Le colloque permet une représentation réelle et une certaine participation d'un grand auditoire. Il «force» les personnes-ressources à être claires, précises et à l'écoute des besoins de l'auditoire. Il pousse l'auditoire à une attitude de participation responsable. Il comble la barrière habituelle entre auditoire et personne-ressource. Il permet une grande souplesse de fonctionnement car le modérateur peut orienter l'échange à mesure qu'émergent des points d'intérêt.

— Mais l'utilisation du colloque exige un modérateur éveillé à une telle procédure. L'auditoire et ses représentants ne sont pas toujours assez informés du sujet pour poser des questions significatives. Les représentants de l'auditoire n'ont pas toujours les qualités requises pour leur rôle: curiosité, vivacité, hardiesse, intérêt au sujet, capacité d'expression de leurs opinions et des opinions do l'auditoire. L'auditoire hésite parfois à participer activement. Les personnes-ressources ont parfois de la difficulté à écouter les questions et à répondre de façon brève et adaptée.

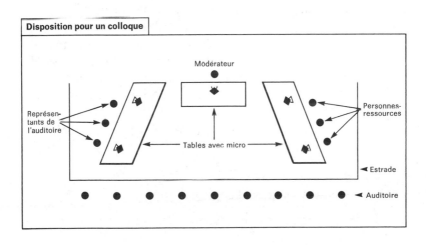

Disposition pour un colloque

Modérateur

Représentants de l'auditoire

Tables avec micro

Personnes-ressources

◄ Estrade

◄ Auditoire

LE FORUM

Description:

— Période de 15 à 60 minutes de discussion ouverte entre un groupe en son entier — habituellement un groupe de plus de 25 membres — et une ou plusieurs personnes-ressources, le tout dirigé par un modérateur.

— Cette technique est souvent combinée avec d'autres, par exemple, conférence, panel, interview, jeu de rôles... Le forum vient donc en général comme un deuxième temps.

— Notez que le forum n'est pas une période de «questions-réponses», mais une discussion dirigée au cours de laquelle l'auditoire est encouragé à faire des commentaires, à soulever et à discuter diverses perspectives, à donner de l'information, tout autant qu'à poser des questions aux autres membres et aux personnes-ressources.

Divers rôles:

— Le modérateur introduit et dirige la discussion, ce qui suppose chez lui une réelle habileté à diriger une discussion et à stimuler la participation dans un grand groupe.

— La ou les personnes-ressources répond aux questions, donne de l'information, suggère des idées permettant de poursuivre la discussion, toujours de façon brève et directe. Il ne fait pas de présentation systématique. Il va de soi qu'il a une connaissance et de l'intérêt par rapport au sujet traité.

— L'auditoire pose des questions et exprime des opinions de façon intelligente.

**Critères du choix du forum
comme mode d'animation d'un grand groupe:**

Cette technique est intéressante quand on veut avoir les

idées et les opinions de l'auditoire; identifier des besoins et des intérêts dont on aura à tenir compte plus tard dans un projet; amener les personnes-ressources à répondre aux besoins et aux intérêts réels du groupe au fur et à mesure qu'ils émergent de la discussion; approfondir une discussion au-delà de ce que permet une période de «questions-réponses».

Avantages et limites du forum:

— Le forum permet à l'auditoire de participer verbalement. Il oblige les personnes-ressources à se préparer sérieusement et à fonctionner en tenant compte des besoins et intérêts de l'auditoire. Il suscite l'intérêt de l'auditoire qui sait pouvoir intervenir directement. Il permet à l'auditoire de demander des éclaircissements sur des points restés obscurs dans un premier temps.

— Mais cette technique exige du modérateur habileté et aisance dans son utilisation, sinon c'est vite la pagaille. Tous les membres de l'auditoire, surtout quand le groupe est nombreux, n'ont pas la possibilité d'intervenir. Par ailleurs, le manque d'information ou le manque d'intérêt

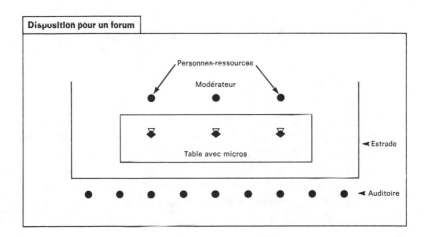

Disposition pour un forum

Personnes-ressources

Modérateur

Table avec micros

◄ Estrade

◄ Auditoire

fait que des gens n'osent pas intervenir. En outre, les dimensions et la disposition du local de réunion doivent permettre une discussion adéquate. Enfin les personnes-ressources doivent être souples et pouvoir traiter des problèmes au fur et à mesure qu'ils émergent du groupe.

L'INTERVIEW

Description:

— Pour présenter le sujet en question à l'auditoire, un interviewer questionne systématiquement une ou deux personnes-ressources pendant une période variant de 5 à 30 minutes.

— L'interviewer pose aux personnes-ressources des questions prévues à l'avance sur divers aspects du sujet et improvise aussi des questions au fur et à mesure de la progression de l'interview. Sans qu'il y ait eu au préalable de répétition de l'entrevue, la personne-ressource est informée à l'avance du genre de question qu'on lui posera.

Divers rôles:

— La personne-ressource qui est interrogée: il importe qu'elle connaisse la question; qu'elle soit capable de répondre de façon brève et directe sans faire une conférence à chaque fois; qu'elle soit capable de répondre de façon spontanée et informelle.

— L'interviewer qui conduit l'entrevue: il importe qu'il soit intéressé au sujet, plein de ressources et rapide. Avoir le sens de l'humour ne nuit pas. Le succès de l'entrevue dépend en grande partie de sa capacité de poser des questions qui aideront vraiment l'auditoire. S'il est lui-même membre du groupe, cela peut aider les autres membres du groupe, car ils pourront se reconnaître en lui (par identification).

— L'auditoire observe, écoute et «enregistre».

Critères du choix de l'interview comme mode d'animation d'un grand groupe:

L'interview est une technique intéressante pour présenter une information de façon détendue et informelle; pour explorer et analyser un problème; pour clarifier diverses perspectives de solution; pour éveiller l'intérêt sur un sujet; pour établir, par la personne de l'interviewer, un pont entre la personne-ressource et le groupe; pour obtenir l'opinion d'une personne-ressource sur une expérience vécue par tous; pour stimuler la participation de l'auditoire quand, par exemple, l'interview est suivie d'un forum.

Avantages et limites de l'interview

— Beaucoup de personnes-ressources — par manque de temps pour préparer une conférence structurée ou pour d'autres raisons — préfèrent être interviewées plutôt que de faire une conférence. L'interview permet aussi d'amener la personne-ressource à clarifier, à approfondir,

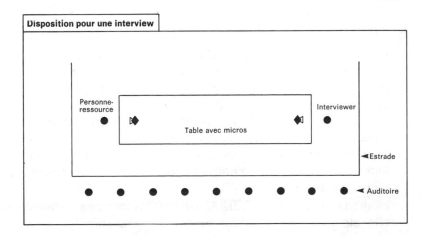

Disposition pour une interview

Personne-ressource
Table avec micros
Interviewer
◄ Estrade
◄ Auditoire

à donner des exemples quand l'auditoire semble ne pas comprendre. L'interview éveille assez facilement l'intérêt de l'auditoire sur le sujet. Enfin, l'interview est une technique simple à utiliser.

— Mais, malgré le fait qu'elle présente un ensemble de questions systématiques, l'interview ne permet pas une présentation détaillée de l'information. L'interviewer peut perdre de vue les intérêts de l'auditoire. L'entrevue peut échouer si l'interviewer ne modifie pas ou ne complète pas ses questions à mesure que l'entretien avance. Enfin, l'entrevue peut devenir une série de petites conférences si la personne-ressource ne répond pas de façon brève et directe aux questions posées.

LE PANEL

Description:

Discussion sur un sujet précis par un groupe de 3 à 6 personnes, devant l'auditoire. Les personnes discutent entre elles sous la direction d'un modérateur. Un panel dure habituellement de 15 à 45 minutes.

Divers rôles:

— Les panélistes: personnes choisies d'une part pour leurs connaissances et leur intérêt par rapport à la question traitée, d'autre part pour leur aptitude à s'exprimer devant un auditoire, enfin pour leur diversité d'opinions face au sujet traité; ils exposent leurs opinions, mais ne doivent pas tomber dans le style «propagande» ou débat. Tout en étant des personnes qualifiées sur le sujet de par leur expérience, ils n'ont pas nécessairement besoin d'être des experts.

— Le modérateur dirige la discussion. Il lui faut une certaine connaissance de la question traitée pour empêcher la discussion de s'enliser sur des détails et la guider vers les points importants. Il lui faut aussi être rapide et souple.

— L'auditoire observe et écoute. Il aura la parole plus tard, car un panel est toujours à compléter par une technique qui permette à l'auditoire de s'exprimer (période questions-réponses, forum, travail en ateliers, etc.)

Critères du choix du panel
comme mode d'animation d'un grand groupe:

La technique du panel s'avère intéressante pour identifier et clarifier un problème ou des solutions; pour présenter à l'auditoire plusieurs opinions différentes sur un même sujet; pour définir les avantages et les inconvénients d'une ligne d'action; pour stimuler l'intérêt sur un sujet; pour promouvoir la compréhension des différentes parties d'un sujet; pour utiliser un large éventail d'opinions fondées.

Avantages et limites du panel:

— Le fait d'avoir recours à plusieurs personnes-ressources d'opinions différentes est plus stimulant que de recourir à une seule. Le panel se passe dans un climat détendu et informel. Quand il est bien dirigé, un panel peut avoir un aspect «dramatique» ou scénique stimulant l'intérêt et l'apprentissage.

— Mais le panel requiert un modérateur habile à diriger et guider la discussion. Il est par ailleurs difficile de regrouper plusieurs personnes-ressources qualifiées en même temps. Si l'auditoire ne possède pas un minimum de connaissances ou d'intérêt pour le sujet, il ne profite pas pleinement de la discussion. Il y a toujours le risque qu'un panéliste cherche plutôt son prestige personnel que l'information de l'auditoire. Enfin une telle forme de discussion ne permet pas toujours un apprentissage systématique et articulé.

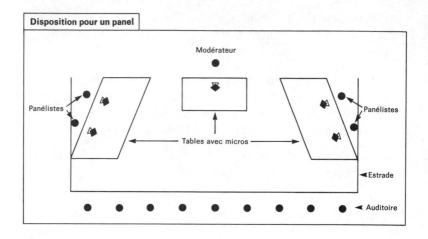

Disposition pour un panel

LE JEU DE RÔLES

Description:

Quelques membres du groupe (toujours volontaires) jouent devant le groupe une situation de vie en rapport avec le sujet traité. Ils essaient de représenter des attitudes typiques. Il n'est pas du tout nécessaire qu'ils soient doués pour le rôle d'acteur. Le jeu de rôles est une sorte de mise en scène, de dramatisation d'une situation.

En termes de temps, une période de 30 à 45 minutes semble opportune. Par ailleurs, le jeu de rôles a besoin d'être complété par une autre technique: forum, période questions-réponses, travail en ateliers, etc., qui permettra de le discuter et de l'interpréter.

A titre d'exemple, on peut imaginer le scénario suivant: discussion de 30 minutes à propos de la présence de la famille à l'école, entre:

— un (e) principal (e) d'école

— un (e) commissaire

— un père de famille et deux mères, membres du comité d'école

Pour chaque personnage, le modérateur devra prévoir des caractéristiques personnelles précises de façon que les acteurs puissent se situer dans leur rôle. Par exemple: un principal d'école, homme, 45 ans, de type plutôt tradition- nel au plan pédagogie et structures scolaires, assez méfiant devant ce qu'il considère comme une intrusion des parents dans son école. De même pour chaque personnage.

Par ailleurs, l'objectif du jeu de rôles doit être simple et bien précisé par le modérateur, ainsi que les circonstan- ces environnantes. Par exemple: ces personnes sont réu- nies pour discuter des suites à donner à une résolution du comité d'école à l'effet que les machines distributrices de boissons gazeuses soient supprimées à l'école. Elles doi- vent en arriver à une décision au terme de leur temps de discussion.

Divers rôles:

— Le modérateur propose les objectifs du jeu et définit la situation. Il doit être capable aussi de diriger la phase qui suit le jeu de rôles.

— Les «acteurs» volontaires membres du groupe visent avant tout à jouer les attitudes typiques de leur rôle et non à réaliser une performance en art dramatique.

— L'auditoire observe pendant le jeu de rôles sans intervenir à ce moment-là. La qualité de son intérêt et de son ob- servation est nettement améliorée quand on lui deman- de d'être attentif à des aspects précis du jeu de rôles.

**Critères du choix du jeu de rôles
comme mode d'animation d'un grand groupe:**

Le jeu de rôles peut être utilisé pour illustrer scénique- ment divers aspects d'un problème interpersonnel en vue d'une discussion ultérieure; pour faciliter la compréhension des opinions et des sentiments d'autres personnes; pour permettre aux membres de l'auditoire d'élucider leurs propres attitudes et comportements; pour acquérir des compétences dans des domaines comme le diagnostic ou la solution de problèmes.

Avantages et limites du jeu de rôles:

— Le jeu de rôles est intéressant avant tout pour l'analyse de problèmes impliquant des attitudes et des sentiments (l'affectivité). Par ailleurs, il a pour effet de stimuler l'auditoire et de le porter à écouter et à observer avec intérêt; de permettre à des membres de l'auditoire de se projeter dans les rôles joués et ainsi de se mieux connaître; d'amener à connaître ce que pensent et ressentent d'autres personnes; et, enfin de présenter une situation de façon plus vivante que par une discussion ou une conférence.

— Mais le jeu de rôles est inefficace lorsque les objectifs à atteindre sont complexes; on doit en restreindre l'usage

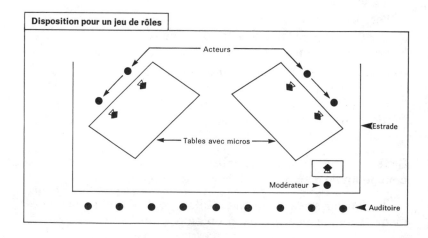

Disposition pour un jeu de rôles

Acteurs

Estrade

Tables avec micros

Modérateur ➤ ●

Auditoire

à des problèmes ou à des situations claires et simples. Il nécessite une animation alerte et précise. Il doit être complété par d'autres techniques. Il accapare parfois tellement les «acteurs» qu'ils négligent le sujet ou le contenu. Ou encore il implique tellement les «acteurs» qu'ils manifestent des émotions très personnelles et déplacées dans le cadre d'un grand auditoire. Il peut aussi causer de la peur ou de l'anxiété chez les «acteurs» au point de les rendre incapables d'apprendre quoi que ce soit. Enfin, on l'utilise souvent comme un passe-temps plutôt que comme une technique visant à faciliter l'apprentissage: ce qui amène un certain nombre d'éducateurs à le rejeter.

L'EXPOSÉ

Description:

Il s'agit de la présentation orale (conférence, cours magistral, etc.) d'un sujet par une personne qualifiée. D'apparence facile, fort utilisée et donc connue, cette technique requiert cependant une préparation soignée pour être efficace au plan de l'apprentissage.

Divers rôles:

— Le conférencier doit, pour le moins, bien connaître son affaire et être capable de la présenter de façon à rejoindre les intérêts et les besoins de l'auditoire. En principe aussi, il est tenu de respecter l'horaire prévu.

— L'organisateur de la rencontre fait les présentations (il peut être aussi le conférencier). Avoir le sens de l'humour ne peut pas nuire.

— L'auditoire — en principe intéressé au sujet puisqu'il est là, mais possédant des degrés très diversifiés de connaissance par rapport au sujet traité — écoute.

Critères du choix de l'exposé comme mode d'animation d'un grand groupe

L'exposé est une technique intéressante pour présenter une information de façon structurée; pour identifier et clarifier des problèmes ou des solutions, pour présenter l'analyse d'un résultat controversé; pour stimuler ou inspirer l'auditoire, pour encourager une étude ou une recherche ultérieure.

Avantages et limites de l'exposé :

— L'exposé permet une présentation ordonnée et systématique de faits ou d'opinions. Il peut facilement s'accompagner d'instruments pédagogiques (v.g. audio-visuels). Il convient pour de grands auditoires. Il peut remplacer des documents écrits inaccessibles ou inutilisables. Un conférencier talentueux peut stimuler et motiver la participation pour l'étude ou la recherche ultérieure.

— Mais l'exposé ne permet l'expression des idées et des opinions que d'une seule personne. L'auditoire n'a pas la possibilité de participer verbalement. L'effet de l'exposé

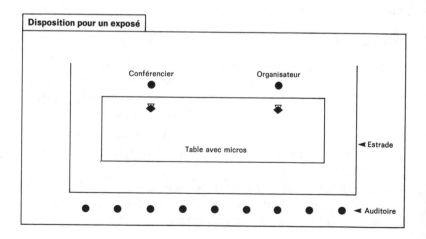

Disposition pour un exposé

Conférencier — Organisateur — Table avec micros — Estrade — Auditoire sur l'auditoire ne peut pratiquement pas être évalué. L'exposé sert parfois de tribune à des conférenciers plus intéressés à la propagande de leurs idées ou à leur prestige personnel qu'à l'apprentissage de l'auditoire. Enfin, il arrive que le niveau de langage du conférencier-expert dépasse totalement la capacité de compréhension de l'auditoire sans que celui-ci puisse rien pour y remédier.

LE SYMPOSIUM

Description

Il s'agit d'une série de courts exposés faits à tour de rôle sur différents aspects d'un même sujet par des personnes reconnues comme expertes en la matière (de 2 à 5). En principe, ces exposés sont donc complémentaires et nullement concurrentiels. La durée des exposés varie de 3 à 20 minutes. Chaque expert fait son exposé sans parler aux autres experts. L'ensemble est animó par un «modérateur».

Divers rôles

— Le modérateur préside le symposium et l'organise. Il doit avoir le sens de l'organisation et un minimum de facilité à s'exprimer en public. Le sens de l'humour est une qualité appréciable. De plus, il doit connaître suffisamment le sujet traité pour être capable de voir les relations entre les divers exposés.

— Les conférenciers-experts sont bien au courant du sujet et capables de faire une présentation brève et cohérente qui tienne compte des besoins et des intérêts de l'auditoire.

— L'auditoire, en principe intéressé au sujet, possède des degrés très diversifiés de connaissance par rapport au sujet traité. Il écoute.

Critères du choix du symposium comme mode d'animation d'un grand groupe

Le symposium est une technique qui a l'intérêt de présenter une information de façon organisée; d'exposer un large éventail d'opinions autorisées au sujet d'une question ou d'un résultat controversés; de permettre une analyse des divers aspects d'un sujet controversé; de clarifier des problèmes très liés les uns aux autres; d'aider les gens à comprendre les liens entre les différents aspects d'un problème et le problème en général; de stimuler un renouvellement d'idées chez des gens qui ont tendance à aller vers l'uniformité.

Avantages et limites du symposium

— L'intérêt principal du symposium est d'offrir aux gens un large éventail de connaissances, d'expériences et d'opinions sur un sujet. De plus, la succession de plusieurs courts exposés stimule l'écoute des gens et aide l'apprentissage quand on a beaucoup d'information à donner. La présentation de divers points de vue sur une même

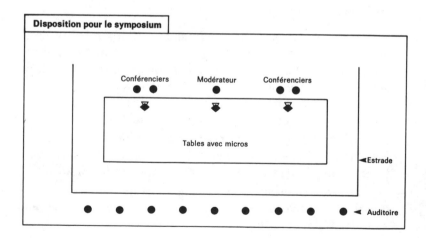

Disposition pour le symposium

question est un excellent antidote au simplisme. Enfin, les conférenciers, prenant part à un symposium avec d'autres conférenciers, sont de ce fait poussés à bien préparer leur exposé et à demeurer dans le sujet.

— Mais l'auditoire n'a pas la possibilité de participer activement. Un long symposium peut devenir très fatigant. On ne peut évaluer précisément les effets des exposés sur l'auditoire. Enfin, il n'est pas toujours facile de rassembler en même temps assez d'experts pour couvrir tous les aspects importants d'un sujet.

L'ÉQUIPE DE RÉACTIONS

Une équipe de 3 à 5 représentants de l'auditoire est chargée d'interrompre le conférencier (ou le professeur ou la personne-ressource), à des moments appropriés, pour demander une clarification immédiate de points qui semblent obscurs, ou pour mieux situer le conférencier en exprimant les besoins de l'auditoire.

La constitution d'une équipe de réactions se base sur le postulat suivant: le conférencier ou la personne-ressource n'est pas toujours comprise et passe parfois à cent lieues au-dessus de la tête des gens ou au contraire s'attarde sur des points que tous comprennent déjà très bien. Une telle équipe convient lorsque le sujet est difficile; lorsque la personne-ressource le désire en vue d'un apprentissage plus valable; lorsque l'auditoire est si nombreux que des interruptions de la part de tous sont impossibles.

A n'utiliser seulement qu'avec les techniques suivantes: exposé, symposium, démonstration, interview.

Ne pas choisir, pour cette équipe, des gens agressifs, timides ou exhibitionnistes. Etre sûr de l'accord du conférencier.

LE BUZZ-SESSION

Un auditoire, tout en restant sur place, se divise en nombreux petits groupes, pour discuter un sujet ou accomplir quelque chose. Un buzz-session ne dure que quelques minutes. Il convient pour une tâche simple, comme, par exemple, poser une question ou deux au conférencier. Une fois le buzz-session terminé, après avoir recueilli le résultat du travail des petits groupes, la conférence continue.

Le buzz-session permet d'obtenir en très peu de temps beaucoup d'opinions, de questions ou de recommandations; chaque membre de l'auditoire y trouve la possibilité de s'exprimer; l'auditoire peut exprimer ses besoins et intérêts.

Important

Un buzz-session ne convient que pour des tâches simples.

Le principe du buzz-session est le même que celui de la technique appelée *Philips 66* (groupe de 6 membres parlant pendant 6 minutes). Mais le buzz-session est une technique plus souple que le «Philips 66».

LE BRAINSTORMING

Le brainstorming est une expression spontanée d'idées pertinentes par rapport à la question qui motive le rassemblement. Pendant 5 à 15 minutes, toutes les idées sont exprimées librement, sans lien nécessaire les unes avec les autres. On les accepte telles quelles sans chercher à évaluer leur qualité ni à porter aucun jugement (à cette phase).

Le brainstorming est très utile pour dresser une sorte d'inventaire de toutes les idées représentées dans le groupe relativement à un problème ou à la solution d'un problème. Chacun peut participer.

Il existe une technique voisine nommée *lieu de parole collective.* Le principe est celui du brainstorming. Il ne s'agit pas de lancer une discussion, mais de dire, quand on le veut et comme on le veut, ce qu'on pense du sujet. Les participants se placent en cercle afin de bien se voir, ce qui est très important. Le rôle de l'animateur est de donner la parole où elle est demandée et, à l'occasion ou à la fin, de faire une synthèse des opinions énoncées.

Ces séances qui peuvent durer jusqu'à deux heures, semblent être toujours des lieux assez extraordinaires d'expression d'opinions et de partage: les gens, en effet, ne s'expriment pas devant le groupe mais dans le groupe, avec leurs mots à eux, mots souvent éloignés des termes scientifiques mais beaucoup plus proches de la réalité vécue chaque jour. La technique semble particulièrement adéquate pour forger peu à peu, sans discussion interminable, par le simple fait que chacun exprime ses opinions, l'opinion d'un groupe face à une question précise.

La même technique peut être utilisée avec succès pour prendre une décision de groupe face à une situation précise. Cela semble dû au climat d'écoute très fort, qui fait que chacun reçoit vraiment les dires des autres et que tous ensemble cheminent peu à peu au fur et à mesure des interventions. Interventions d'autant plus vraies que chacun se sait, d'emblée, accepté sans aucun jugement par les autres.

LE GROUPE D'ÉCOUTE ET D'OBSERVATION

L'auditoire est divisé en deux groupes ou plus. Chaque sous-groupe a une tâche spécifique d'écoute et d'observation de ce qui va se passer pendant un exposé, un panel, un symposium, etc. Aux observateurs est assigné un rôle de magnétoscope ou de magnétophone; ils enregistrent et reproduisent. En aucune façon, ils n'ont à juger ou à évaluer quoi que ce soit.

Le fait d'avoir une tâche à accomplir active la participation et permet de contrecarrer la passivité de l'auditoire.

Important

Etre très précis dans l'assignation des tâches spécifiques aux divers sous-groupes; être sûr aussi qu'il y aura réellement matière à écouter et à observer dans la ligne assignée à chaque sous-groupe; sinon, cette technique ne donne rien.

LA PÉRIODE DES QUESTIONS

Laps de temps de 5 à 20 minutes, pendant lequel des membres de l'auditoire peuvent poser des questions à la personne-ressource.

Cette période de questions est généralement située après l'exposé, mais elle peut avoir lieu tout aussi bien avant ou pendant.

La période des questions permet au conférencier de percevoir s'il a été bien compris; elle permet à l'auditoire de demander de plus amples informations ou de vérifier certains faits.

LE GROUPE DE PROJECTION
(Screening panel)

Un groupe de 3 à 5 personnes représentant l'auditoire discute devant celui-ci et devant la personne-ressource (avant l'exposé) des besoins de l'auditoire. Cette formule permet l'expression des besoins importants, ce qui peut beaucoup aider la personne-ressource à ne pas «passer à côté» dans son exposé.

10. Des cas difficiles
dans un grand groupe

Face aux moments difficiles, il n'y a pas de recette mi-
racle. Mieux vaut cependant essayer de réagir que de laisser
aller les choses.

L'animation d'un grand groupe de travail est tout à fait
autre chose que celle d'un petit groupe. Elle requiert de l'animateur un certain nombre d'aptitudes: facilité de parole,
esprit vif, capacité de saisir (comprendre et sentir) le
«pouls» du groupe et de réagir en conséquence, sens de
l'organisation, capacité de faire des synthèses, équilibre et
force de faire face à des réactions de groupe inattendues
et parfois violentes; le sens de l'humour peut être aussi un
atout.

Mais il arrive aux animateurs les plus doués de se
trouver devant des cas difficiles. Quelques-uns sont évoqués
ici. Les pistes de solutions proposées ne sont pas forcé-
ment les meilleures, car chaque situation est particulière.
Une chose est cependant sûre: l'animateur, tout en étant

ferme, clair et précis, ne peut jamais se permettre d'être cassant ou ironique. Il n'a aucun droit de ridiculiser quelqu'un en public ou d'être désagréable (même s'il en a assez).

LE MANQUE DE PARTICIPATION DU GROUPE

— **Situation:** groupe passif, visiblement ennuyé, réagissant peu aux questions de l'animateur ou du conférencier (s'il s'agit d'une conférence).

Causes possibles	Solutions possibles
a) Organisation matérielle déficiente: salle trop chauffée ou pas assez, peu ou pas d'aération, sièges incommodes, trop peu de place ou salle trop grande dans laquelle le groupe se sent perdu, trop grande distance entre l'animateur/conférencier et le groupe, disposition des sièges empêchant la communication entre les membres du groupe et gênant leur vision d'ensemble, etc.	*a)* Si possible, supprimer la ou les causes matérielles de passivité (ce n'est pas toujours possible, surtout en cours de rencontre, mais y veiller pour une autre fois); «réveiller» le groupe en suscitant la participation: par exemple, par un brainstorming général sur une question précise ou encore par un court buzz-session sur une question précise à laquelle chaque petit groupe devra donner une réponse.
b) Démarche pédagogique passive: conférence magistrale que le groupe a dû écouter longtemps de façon passive; manque de talent du conférencier pour rendre son discours intéressant; absence d'activités de participation des membres du groupe; animation trop passive, pas assez dynamique, embrouillée, hésitante; longueur interminable des rapports en plénière après un travail en ateliers, etc.	*b)* On ne peut pas recommencer une conférence déjà faite, mais on peut essayer de dynamiser la période qui suit pour que se fasse un échange réel: buzz-session, brainstorming, forum . . . avec une animation claire, dynamique, humoristique (si possible); demander fermement des rapports brefs et centrés sur l'essentiel.

c) *Conformisme du groupe:* plus un groupe est nombreux, plus il risque d'être conformiste; les conformistes s'expriment peu, participent peu; ils comptent plutôt sur les organisateurs de la soirée; ils ont peur de parler devant les autres.

c) Si les gens sont bloqués parce que le groupe est grand, un travail en ateliers ou un buzz-session, avec rapport (toujours rapide) en plénière permet quand même de connaître leur opinion en même temps que de leur donner un cadre d'expression plus à leur portée.

d) *Peur du groupe:* peur issue d'un style d'animation trop autoritaire ou abrupt ou encore du peu de confiance que les membres ont en leurs propres idées.

d) L'animateur a ici une grosse carte à jouer: il doit animer de façon souple, interpellatrice, en s'interdisant absolument tout jugement sur ce que disent les gens et en valorisant ce qu'ils disent (même si ce n'est pas extraordinaire); cela ne signifie pas faire des concessions au plan des idées exprimées, mais donner à toutes les idées une chance d'être exprimées.

LE MONOPOLISATEUR

— **Situation:** une personne monopolise la discussion et se met à faire sa propre conférence dans une ou plusieurs interventions qui n'en finissent plus; elle retient tout le groupe sur «son» problème à elle et, finalement, lasse tout le monde.

Causes possibles	Solutions possibles
a) *Problèmes personnels:* il y a des personnes qui sont toujours à la recherche d'un auditoire pour se produire en spectacle ou pour exprimer leurs frustrations; quels que soient les sujets de la rencontre, on les retrouve toujours avec leur même discours.	a) Neutraliser au plus vite ces personnes, de façon aussi souple que ferme; les laisser intervenir une fois, au besoin en les interrompant si c'est trop long et sans rapport avec le sujet étudié; à leur deuxième demande d'intervention, soit les prier d'être très

brèves, soit leur dire que les autres aussi ont droit à leur tour de parole et qu'en conséquence on ne peut pas en toute justice la leur donner encore.

b) Fixation sur un détail: dans la discussion d'un sujet très vaste, certains s'accrochent à des points de détail et veulent y retenir tout le monde.

b) Leur laisser exprimer une fois leur point de vue; à leur deuxième tentative de retour sur ce même sujet, l'animateur leur explique que ce point, intéressant certes, n'est qu'un élément de discussion parmi beaucoup d'autres possibles et qu'en conséquence on ne peut s'y attarder plus longuement.

c) Insuffisances du conférencier ou de l'expert: quelqu'un prend longuement la parole pour apporter des compléments à ce qui a été dit par le conférencier ou l'expert.

c) S'il s'agit vraiment d'un complément qui enrichit l'information reçue par le groupe, laisser le temps qu'il faut à cette personne; ensuite, l'animateur aura à intégrer cet apport nouveau d'information à ce qui a déjà été dit. En général, ces personnes sentent d'ailleurs quand il est temps pour elles de s'arrêter (pas toujours cependant... car certaines voudraient bien être à la place du conférencier!)

L'AGRESSIVITÉ VIS-À-VIS DE LA PERSONNE-RESSOURCE

— **Situation:** pour toutes sortes de raisons possibles, l'échange tourne parfois à la lutte entre un ou plusieurs membres du groupe et la personne-ressource invitée, ce qui place l'animateur dans une position difficile et délicate (surtout si c'est lui qui a invité cette personne-ressource).

Causes possibles	Solutions possibles
a) Problèmes personnels: personnes frustrées pour des raisons qui n'ont rien à voir avec la personne-ressource p r é s e n t e; personnes victimes d'une injustice dans un domaine qui ressortit au sujet abordé par la personne-ressource, etc.	*a)* L'animateur pourrait expliquer que la personne-ressource n'est pas là pour régler les problèmes personnels des gens, mais pour les aider peut-être à y voir plus clair; si cela ne suffit pas à calmer l'agressivité, dire fermement qu'on n'est pas là pour régler des comptes personnels et que la personne-ressource pourra, si elle le veut bien, continuer cette discussion en privé après la rencontre.
b) Problèmes liés à la personne-ressource: ce qu'a dit la personne-ressource ou sa façon de le dire (ton abrupt, autoritaire) a pu indisposer l'un ou l'autre membre du groupe.	*b)* Si la personne-ressource accepte de discuter (mais de façon plus conciliante et souple), l'animateur sera l'arbitre de cette discussion, de façon neutre; si la personne-ressource demeure aussi cassante, l'animateur essaiera de «dédramatiser» l'échange; si cela n'est pas possible, mieux vaut passer à autre chose.
c) Problèmes liés à la non clarification du rôle de la personne-ressource: on attaque la personne-ressource sur des sujets qui n'ont rien à voir avec la rencontre, par exemple, l'expert est un officier syndical venu parler d'une loi du Code de travail; on l'attaque sur les syndicats en général.	*c)* Déterminer très clairement le domaine précis de la rencontre et, avec fermeté et souplesse, déclarer hors d'ordre et donc, non recevable, toute intervention débordant ce domaine.

LE CONFLIT ENTRE DEUX OU PLUSIEURS TENDANCES REPRÉSENTÉES DANS LE GROUPE

— **Situation:** la rencontre devient parfois une occasion de règlement de comptes entre des tendances différentes ou opposées; on y retrouve tous les préjugés du milieu mêlés aux argumentations s'exprimant au plan des idées; de toute façon, l'échange ne progresse plus et semble être devenu une lutte à finir.

Causes possibles	Solutions possibles
Ces conflits éclatent lors de la rencontre, mais il s'agit souvent de conflits vécus au jour le jour, opposant diverses idéologies, diverses échelles de valeurs, diverses classes sociales. La rencontre, pour une raison ou une autre, a permis l'explosion de ces conflits, mais elle n'est pas souvent la cause directe.	Le mieux qu'on puisse espérer, c'est de clarifier certaines idées et certains préjugés, non de résoudre le conflit. L'animateur est alors appelé à arbitrer tout en se gardant bien d'exprimer ses opinions personnelles: il doit veiller fermement à ce qu'il n'y ait pas d'attaques personnelles, de termes grossiers employés, de chahut, de gestes d'intimidation (applaudissements, cris, sifflets...); il doit amener les intervenants à clarifier leur position, à préciser leurs dires; il doit vérifier que tout le monde met bien les mêmes choses sous les mêmes mots, poser des questions. Tout cela peut se faire sous forme de forum, de brainstorming, de buzz-session. La personne-ressource peut aussi être mise à contribution.

11. Grand groupe ou petit groupe

Exigences

Grand groupe	Petit groupe
— Pouvoir disposer de locaux et d'équipement. — Engagement personnel minime de la part des membres. — Préparation minutieuse de la démarche à suivre.	— La question des locaux et des équipements est un problème mineur, mais discuter dans le cadre d'un petit groupe suppose un engagement personnel véritable de la part des membres et de l'animateur.

Avantages

— Structure bien adaptée à la transmission et à la réception de l'information.	— Structure qui permet une communication mutuelle et l'expression libre de chacun.

— Structure comprenant parfois une réelle variété d'opinions, de compétences, d'expériences, ce qui peut être très enrichissant pour tous.

— Structure qui peut se «payer le luxe» de faire venir une ou plusieurs personnes - ressources.

— Structure qui donne aux membres le sentiment d'appartenir à quelque chose d'important, de fort.

— Structure conçue pour travailler collectivement sur un problème commun à toute une communauté (s'informer, mener à terme un projet collectif, faire des représentations, etc.).

— Structure particulièrement adaptée à un projet d'action où tout le monde participe vraiment aux prises de décision, à la répartition des tâches et à l'organisation.

— Structure mobile, souple, s'adaptant à chacun, qui permet de coller aux intérêts et aux besoins réels des membres et du milieu.

— Structure où chacun peut apprendre à devenir plus autonome, à se sentir responsable de ses actes.

— Structure qui permet à chacun de ses membres d'être un agent très actif de ses propres apprentissages tant au plan de l'information (transmettre et recevoir) qu'au plan de la remise en question de ses propres attitudes et comportements.

Limites

— Risque très fort de dépendance des membres vis-à-vis de l'animateur ou de la personne-ressource.

— A cause du nombre, moins de possibilités pour chacun de s'exprimer, de prendre des initiatives, de participer, de se sentir responsable du groupe.

— Risque pour les membres de ne pas dépasser le stade du conformisme et de ne pas aller au-delà de leurs «blocages».

— On peut avoir quelque difficulté à trouver toutes les ressources nécessaires.

— Si le groupe ne prend pas en charge la démarche collective, il risque de se voir entraîné par l'un ou l'autre de ses membres.

— Les individus peuvent se sentir isolés et impuissants devant l'ampleur des problèmes.

— Risque de demeurer un groupe de partage intimiste, préoccupé

— Risque de demeurer passif face au volume des informations reçues sous mode didactique.

— Risque d'en rester à un niveau très général de discussion, loin des intérêts et des besoins réels de ses membres.

— Rend difficile la mise en route d'un projet concret. Court le risque que ce projet ne soit en fait réalisé que par quelques-uns, les autres ne faisant que suivre.

— Risque d'entrainer un climat impersonnel et une absence de communication réelle.

de sa propre chaleur intérieure et peu à peu coupé des problèmes extérieurs; une petite cellule qui s'isole dans son cocon.

— Risque de ne rejoindre qu'une infime partie de la population.

A notre avis, le petit groupe est une structure beaucoup plus intéressante et un agent plus efficace de changement personnel et social. Mais il est aussi beaucoup plus exigeant parce qu'il oblige à une démarche authentique.

Sans vouloir être trop pessimistes, nous pensons pouvoir dire que les rencontres de grands groupes ne produisent presque jamais de changements réels au plan personnel ou social; souvent, surtout quand la personne-ressource manque d'envergure, ces rencontres ne font que confirmer chacun dans ses idées et dans ses comportements parce qu'elles en restent à un niveau tellement général que chacun peut y trouver ce qu'il veut. Cependant, au simple plan de la transmission d'informations, le grand groupe permet d'économiser du temps: plus de monde entend ensemble les mêmes informations et se constitue un fond de langage commun.

Peut-être l'idéal serait-il une combinaison souple sur le modèle «grand groupe — petits groupes», les petits groupes fonctionnant chacun de leur côté après une réunion initiale en grand groupe. De plus, cette façon de procéder permet de résoudre la difficile question de trouver du monde pour

les petits groupes (à partir d'un grand groupe plus facilement rassemblé dans le cadre d'une école, d'un rang,
d'une rue, d'une usine, d'un quartier, d'une paroisse . . .).

12. Le décor ou l'environnement matériel d'une rencontre

On n'entasse pas cent personnes dans le salon d'une maison familiale! On ne laisse pas davantage un petit groupe de huit personnes se perdre dans une salle qui peut en contenir huit cents!

L'ENVIRONNEMENT MATÉRIEL EST IMPORTANT

La question du décor ou de l'environnement matériel de la rencontre peut paraître une question secondaire. Elle est plus importante qu'on ne le croit généralement: selon la qualité du décor, on gardera un souvenir agréable ou glacial, on portera en soi une impression de dynamisme et d'intimité ou une impression de désert ennuyeux. Et de la qualité de ces impressions dépend parfois la poursuite ou l'abandon des rencontres.

ÉLÉMENTS À PRÉVOIR

Accueil: Prévoir des personnes pour accueillir discrètement mais chaleureusement; décoration et éclairage agréables au premier coup d'oeil; indications adéquates pour que les gens ne se perdent pas s'il s'agit d'une grande bâtisse, etc.

Local: Qu'il soit de taille proportionnée au nombre de personnes (si possible); éclairage suffisant mais pas aveuglant, cendriers, tableaux ou grandes feuilles pour écrire, bonne disposition des chaises et tables, propreté, décoration au mur (si possible): qu'on ait l'impression dès l'arrivée d'une salle «habitée» et non de n'importe quel local impersonnel.

Commodités sanitaires: en nombre suffisant, pas trop éloignées et propres.

Secrétariat: s'il faut faire un travail de secrétariat (inscription, distribution de feuilles ou de documents), prévoir le tout pour éviter les files d'attente (toujours désagréables surtout quand on vient pour une activité bénévole).

Les gens qui participent à un projet à titre bénévole ont légitimement droit à plus d'égards que des gens qui viendraient à titre rémunéré: un environnement agréable, bien organisé est toujours réalisable et constitue une façon de remercier les gens d'être venus.

La question de l'environnement se pose peut-être surtout pour les réunions de grands groupes: le plus souvent ces réunions se font dans des salles d'école, dans des sous-sols d'églises ou dans de grandes salles plutôt anonymes et impersonnelles. Ce n'est pas facile d'aménager ces locaux chaque fois. Pourtant le temps passé à le faire n'est jamais du temps perdu.

Quant aux petits groupes, le décor d'une maison familiale peut parfaitement convenir. Avec cependant la réserve que le reste du groupe se sent plus ou moins l'obligé de celui qui reçoit et, parfois, se sent moins libre pour parler franchement.

13. Questions à régler dès les premières rencontres

Le moment où un groupe démarre est toujours un moment important, surtout quand le groupe s'engage dans un projet de quelques semaines seulement.

Quelle que soit la taille du groupe, quelles que soient les techniques utilisées, il nous semble que cinq points doivent être clarifiés dès la ou les premières rencontres:

1. **Que tout le monde possède l'information nécessaire pour comprendre de quoi il s'agit,** tant en ce qui concerne le thème général que le fonctionnement du projet. Cela peut se faire de différentes façons: conférence par l'animateur — colloque — symposium — conférence par une personne-ressource, visionnement d'un film, d'un diaporama, écoute d'une cassette, lecture de documents écrits. Autant que possible faire autre chose que des discours: il importe que les gens aient la parole le plus possible dès le départ.

2. **Qu'on choisisse le thème, le problème ou la situation qui concerne directement le groupe.**

C'est ici le temps de donner la parole aux gens: ateliers suivis de plénière — forum . . .

3. **Qu'on définisse aussi précisément que possible le but qu'on se propose d'atteindre au terme de la démarche du groupe:** acquérir de l'information, se mieux connaître soi-même, «faire une action» dans le milieu . . . à partir du sujet ou de la situation précédemment choisie; présenter les diverses perspectives par discours ou colloque ou symposium ou panel, suivis d'un atelier et d'une plénière . . .

4. **Qu'on prévoit comment le groupe va fonctionner,** quelles activités principales il va vivre pour atteindre le but retenu, de telle façon que tout le monde puisse suivre et participer le plus possible, compte tenu du thème, du but, de la taille et des possibilités du groupe: présentation générale brève, ateliers, plénière.

5. **Que chacun se sente motivé,** que le groupe «se donne un contrat» pour mener le projet à terme: à moins d'empêchements majeurs, chacun s'engage à mener le projet jusqu'au bout. En somme, il s'agit de créer une sorte de motivation de groupe, de solidarité dans le projet.

Il est peut-être difficile, sinon impossible de voir systématiquement chacun de ces points dès le départ, surtout avec des personnes non habituées à travailler en groupe. Mais dans la mesure où on réussit à le faire le plus vite possible, on évite ensuite au groupe de tourner en rond et on lui épargne des discussions inutiles. Les premières rencontres sont les plus décisives et aussi les plus difficiles pour le groupe et pour l'animateur. Ce dernier a tout intérêt à les préparer minutieusement et pourrait se faire aider pour cela par l'un ou l'autre membre du groupe (se donner des appuis dans le groupe même).

14. Savoir ce que l'on veut faire

Un projet vise toujours un certain nombre de buts généraux. Mais, souvent, ces buts sont tellement généraux qu'ils
ne suffisent pas pour indiquer clairement à chaque groupe
ce qu'il va faire; aussi, c'est à chaque groupe, à partir de
ces buts généraux, de décider quels buts précis il va essayer
d'atteindre.

Le groupe en tant que communauté ne peut se dispenser
de définir nettement les buts qu'il veut atteindre; il en est
de même pour les buts que chacun dans le groupe vise pour
lui-même. Mais cette mise au point ne doit pas nécessairement être définitive dès le début. Au départ, il suffit que
chaque participant ait des buts de la rencontre une perception suffisamment claire pour qu'il puisse fonctionner dans
ce groupe-là. Plus tard, au cours de la démarche, il sera
peut-être nécessaire d'éclaircir et de préciser à nouveau les
objectifs.

Cette mise au point des objectifs se fait en général de

façon progressive plutôt que de façon définitive et dès le départ. Mais qu'on la fasse au début ou plus tard, elle demeure nécessaire. Car tout groupe, dans les premiers temps d'une démarche, se trouve confronté à quelques questions auxquelles il lui faudra bien apporter réponse à un moment ou un autre; ces questions sont les suivantes:

— Dans le cadre général du projet, par quel problème, quelle situation sommes-nous intéressés?
Quels sont nos intérêts?

— Par quel problème, quelle situation sommes-nous «pris» dans notre vie de tous les jours? Quels sont nos besoins réels?

— Quel résultat précis attendons-nous de notre démarche de groupe? En d'autres mots, nous pourrons estimer que nous avons réussi notre démarche si, au terme, nous avons appris telle chose *(préciser)*, nous avons changé telle chose *(préciser)*, nous avons réalisé tel projet *(préciser)*.

C'est parce qu'on ne répond pas toujours à ces questions que bon nombre de rencontres découragent les gens et leur donnent l'impression de perdre leur temps à tourner en rond. Au moins, ayant répondu à ces questions, on saura à quoi s'attendre et à quoi ne pas s'attendre.

Il reste, après cela, à essayer de prévoir comment *(quelles activités, avec quelles ressources)* on va faire pour arriver au but visé.

Pour résumer: se mettre en route, bien sûr
            mais en sachant le plus vite possible où
            on veut aller et comment on veut y aller
C'est une simple question de bon sens.

15. Trois grandes directions possibles dans un projet éducatif

Quel que soit le sujet ou le thème retenu et quelle que soit la taille du groupe, trois grandes directions de parcours ou trois grands types de parcours sont possibles dans un projet éducatif.

PARCOURS CENTRÉ SUR L'INFORMATION ET LES CONNAISSANCES (LE SAVOIR)

On veut d'abord et avant tout *mieux connaître une question*, une situation, un problème (personnel, familial ou social). Connaître, c'est-à-dire être capable de comprendre les divers aspects de la question de façon à pouvoir se former un jugement personnel. Le groupe est centré sur les connaissances à acquérir.

La structure du *grand groupe* peut convenir parfaitement pour réaliser cet apprentissage. Par ailleurs, un tel apprentissage peut très bien se situer tout à fait au début d'une démarche de groupe: c'est même toujours le premier pas à faire avant d'aller plus loin.

PARCOURS CENTRÉ SUR LES ATTITUDES (LE SAVOIR-VIVRE OU SAVOIR-ÊTRE)

On veut d'abord et avant tout, avec l'aide des autres membres du groupe, *se mieux connaître soi-même* et mieux connaître les autres dans leurs attitudes face à telle situation précise, quitte à changer ensuite ses propres comportements. Le groupe est centré sur les attitudes de ses membres, c'est-à-dire sur lui-même.

Ce parcours suppose qu'on aille chercher de l'information et qu'on accepte d'être vrai et authentique dans la démarche. C'est pourquoi il convient plutôt à des *petits groupes*.

PARCOURS CENTRÉ SUR UN PROJET À RÉALISER (LE SAVOIR-FAIRE)

On veut d'abord et avant tout *réaliser un projet* dans le milieu pour changer ou améliorer une situation jugée inacceptable. L'intention du groupe et sa raison d'être, c'est d'organiser et de réaliser le projet. Pour cela, le groupe devra probablement aller chercher de l'information sur la situation en question, peut-être s'interroger sur ses propres attitudes face à cette situation: mais ce qui demeure le principal, c'est ce qu'il faut réaliser pour faire évoluer une situation précise.

A moins qu'on ait affaire à une situation collective qui nécessite la mobilisation d'un grand groupe collectif, c'est la structure du *petit groupe* qui semble la mieux adaptée pour ce type de parcours.

Les différences ne sont pas toujours tranchées entre chacune de ces directions. Certains groupes cependant se maintiennent clairement dans l'une ou l'autre de ces directions. Il arrive aussi que des groupes prennent *les trois directions comme trois étapes d'une même démarche: d'abord s'informer, ensuite s'interroger pour réaliser un projet.* Nous pensons que c'est là une démarche vraiment complète.

Il revient, bien sûr, à chaque groupe de faire son choix. Quant à nous, nous pensons que le parcours centré sur un projet à réaliser est le plus riche tant pour les membres du groupe que pour l'ensemble du milieu qui va bénéficier de cette action.

16. Prendre les moyens pour arriver au but visé

DES MOYENS À LA PORTÉE DU GROUPE

Quand on parle de moyens à employer pour arriver au but visé, on parle au moins de trois choses, à savoir:

Techniques à utiliser pour animer le groupe; plusieurs techniques ont été présentées plus haut dans ce dossier. Il importe de bien comprendre que ces techniques ne sont que des outils limités et qu'elles n'ont rien de recettes-miracles qui résoudraient d'un seul coup toutes les difficultés d'un groupe.

Il est tout aussi important de comprendre que ces techniques ne sont pas des outils passe-partout qu'on peut utiliser n'importe comment, n'importe où: certaines techniques conviennent mieux quand on veut susciter de la participation; d'autres se prêtent mieux à la transmission d'informations, etc. Le bon sens de l'animateur entre ici en ligne de compte pour retenir la technique la mieux adaptée au groupe et au thème choisi.

Toutes les activités qui permettent d'apprendre quelque chose: on peut apprendre en lisant, en parlant (dans les groupes, d'ailleurs, la plupart du temps, on ne fait que parler); on peut aussi le faire en regardant un film, un diaporama, en écoutant des chansons, une bande magnétique; ou encore en réalisant un diaporama, une bande magnétique, un photo-montage, etc.; ou encore en faisant des interviews dans son milieu, en rédigeant un texte, un poème, une chanson, en réalisant un jeu de rôles, en cherchant des articles de journaux et de revues, en dessinant, etc., etc.: les seules limites ici sont celles de l'imagination et des possibilités du groupe.

Encore une fois, il importe de voir que ce ne sont là que des moyens limités, non des recettes-miracles. Mais ils peuvent aider le groupe à participer davantage quand on en fait un choix judicieux en fonction des buts qu'on s'est donnés.

Ressources existantes sur le sujet traité: sur n'importe quel sujet, on peut trouver un nombre inimaginable de ressources de toutes sortes: ressources humaines (experts), ressources écrites (documents, journaux, livres, etc.), ressources audio-visuelles (films, diaporamas, disques, cassettes, télévision, radio, etc.). Là encore, ce ne sont que des moyens limités qu'il faut choisir judicieusement en fonction des buts visés.

COMMENT CHOISIR UNE TECHNIQUE, DÉCIDER D'UNE ACTIVITÉ, UTILISER TELLE OU TELLE RESSOURCE?

On a parlé plus haut de choix judicieux fait par l'animateur et le groupe. Mais à partir de quoi faire un choix judicieux? Il nous semble que les facteurs suivants sont toujours à considérer en ce qui concerne le choix des moyens à employer dans une démarche de groupe.

Les participants

— Leurs besoins et intérêts: «background» éducatif, social,

familial, personnel; connaissances et expérience par rapport au thème; âge et condition physique.

— Leurs attentes, leurs sentiments (méfiance, indifférence, enthousiasme, agressivité) par rapport au projet.

— La taille du groupe (certaines techniques, activités ou ressources conviennent plutôt à de grands groupes, d'autres plutôt à des petits).

L'environnement matériel

L'aménagement matériel du local doit convenir aux techniques, aux activités, aux ressources choisies (éclairage, décoration, disposition des tables et chaises, taille et forme du local, matériel disponible, techniciens, etc.).

Les capacités de l'animateur

Il faut bien commencer un jour, si l'on veut acquérir de l'expérience en animation. Encore faut-il garder un minimum de bon sens pour ne pas choisir exprès les démarches les plus compliquées au début.

Le thème, les buts visés

On choisit une technique en fonction du thème et des buts visés: par exemple, la conférence peut convenir parfaitement si on veut transmettre de l'information, mais certainement pas pour répartir des tâches dans un projet collectif. Ici encore, un minimum de bon sens permet de faire le tri entre ce qui convient et ce qui ne convient pas et ce qu'on veut faire.

Les techniques, activités et ressources

— les techniques, les activités, les ressources ne sont pas neutres ni interchangeables: certaines suscitent la participation et la créativité, d'autres poussent plutôt à la passivité.

En un mot: le groupe choisira les moyens les meilleurs pour arriver le mieux possible au but visé. Sans oublier que les recettes magiques n'existent pas et que parfois peuvent se glisser des contradictions entre les buts visés et les moyens utilisés; par exemple:

— chercher la participation du groupe à coups de conférences magistrales;

— promouvoir une émission de télévision diffusée par câble alors que la plupart des membres du groupe n'ont pas le câble;*

— demander à des personnes âgées qui ont du mal à se déplacer d'aller faire des interviews dans la rue, etc.

---

* Au Québec, il existe, en dehors des chaînes de télévision publique et privées, une télévision par câble qui est au service des citoyens.

17. Des ressources
pour le travail de groupe

L'utilisation de média variés dans un travail de groupe aide les participants à mieux saisir la question étudiée. C'est aussi une autre façon de découvrir que la perception et la connaissance viennent par la voie des cinq sens, dont les média sont presque le prolongement.

Utiliser à bon escient divers média permet d'éviter que le travail de groupe ne se confine à la simple discussion.

Nous présentons ici une série d'instruments faciles d'accès et nous signalons différents modes d'emploi pour chacun de ces instruments. Ce ne sont là que des suggestions. Dans l'utilisation de ces ressources, l'animateur pourra toujours proposer diverses façons de procéder.

ÉMISSIONS TÉLÉVISÉES

Plusieurs émissions télévisées sur antenne ouverte ont pour principales fonctions soit de sensibiliser à diverses questions, soit de susciter des interrogations chez le téléspectateur, soit de fournir des éléments de réflexion. Il s'agit donc de profiter des émissions offertes.

Utilisation

Avant le visionnement, l'animateur pourrait remettre une «feuille d'écoute» aux membres du groupe, variable selon le contenu de l'émission. Cette feuille portera mention du jour et de l'heure de l'émission et proposera un certain nombre d'«éléments d'observation» en lien direct avec la démarche du groupe et la nature de l'émission. Si l'émission est écoutée en groupe, c'est très simple. Si l'émission est écoutée individuellement, il peut être utile d'en rappeler l'heure aux membres du groupe, la veille de sa diffusion.

A la suite du visionnement de l'émission, l'animateur de groupe invitera les participants, à l'aide de questions simples, soit à donner leur avis sur tel ou tel point marquant de l'émission, soit à exprimer des impressions, soit à dégager l'essentiel du contenu présenté. Les émissions télévisées peuvent fournir une information ou une amorce de discussion au groupe.

TÉLÉVISION PAR CÂBLE

La télévision par câble est au service des citoyens. Elle leur offre de prendre l'antenne et de préparer des émissions locales et cela sans aucune contribution financière.

Utilisation

Si un groupe se sent capable de préparer une émission de télévision, il peut contacter le propriétaire ou le directeur d'une station de télévision par câble et obtenir un certain temps sur les ondes. La préparation d'une émission est un excellent projet pour un travail de groupe. Cela est encore plus vrai pour la télévision communautaire.

VIDÉOGRAPHE

Le Vidéographe s'applique à faire de la télévision un médium d'expression populaire. Organisé par la *Société nouvelle de l'Office national du film*, il met à la disposition de chacun les instruments nécessaires pour enregistrer sur bande magnétique.*

Utilisation

Il faut d'abord soumettre un projet à la direction du Vidéographe. Le projet accepté, le créateur est libre de travailler comme il l'entend en profitant de tous les avantages que la *Société nouvelle* met à sa disposition pour mener le travail à bonne fin. Le film et l'utilisation de tous les instruments ne lui coûtent rien, mais il ne retire aucun salaire et aucun profit.

Le Vidéographe accepte aussi des projets de groupe. Voilà une excellente façon pour un groupe de s'exprimer par l'image.

ÉMISSIONS RADIOPHONIQUES

Les programmes radiophoniques varient à l'infini. Il existe d'excellentes émissions présentées sous diverses formes. Destinée à des auditeurs inconnus, la radio atteint les personnes dans leur intimité. N'utilisant que le son, l'émission radiophonique fait appel à l'imagination de l'auditeur pour achever ce que l'oreille perçoit.

Utilisation

Comme pour la télévision, l'animateur pourrait proposer des grilles d'analyse pour l'émission que le groupe a choisie: bulletins de nouvelles, tables rondes, émissions dramatiques

---

* Vidéographe, 1604, rue Saint-Denis, Montréal. Tél. (514) 842-9786

etc. Ces émissions, par ailleurs, pourraient être enregistrées au préalable, pour favoriser l'écoute commune.

De plus la radio, par des émissions comme les lignes ouvertes, par exemple, peut mettre en relation des groupes de personnes qui, éloignés géographiquement mais proches par les préoccupations, participent à une même recherche. La radio devient alors un médium de communication intergroupe.

DIAPORAMAS

Le dioparama, ou montage audio-visuel, comprend une suite de diapositives consacrées à un sujet déterminé et accompagnée d'une bande sonore. La bande sonore peut se composer d'un commentaire, d'une musique, de bruits ou même de tous ces éléments à la fois. Le diaporama cherche à intéresser les spectateurs en créant une ambiance favorable. Il existe beaucoup de diaporamas réalisés par des maisons spécialisées et par divers organismes sociaux et culturels.

Utilisation

Le diaporama est aujourd'hui une technique d'animation très populaire. L'animateur peut s'en servir dans le groupe soit pour communiquer des informations, soit pour évoquer des situations, soit pour susciter des actions. Le moment de son utilisation variera selon le but que le groupe veut atteindre. On peut revoir le même diaporama deux fois: au tout début du travail de groupe, si on veut informer, et vers la fin, si on désire susciter une action concrète.

Il est également possible pour un groupe de réaliser un diaporama. Il s'agit de bien déterminer un sujet, de recueillir des diapositives, de créer une bande sonore qui fasse corps avec le thème développé. Ce travail passionnant demande de la réflexion dans la préparation et de la précision dans sa réalisation. Un tel projet permet au groupe de traduire sa pensée et sa pédagogie en un langage concret, poétique ou symbolique.

La diaporama demeure cependant un outil assez difficile à mettre sur pied car il nécessite un appareillage complexe: écran, projecteur, magnétophone, synchronisateur.

FILMS

Le film est toujours populaire car il restitue le mouvement. Il expose d'une façon vivante un sujet qui se développe dans le temps.

Le 16 mm est le format de pellicule qu'on utilise généralement en dehors des cinémas. Les producteurs réduisent souvent en 16 mm des films tournés en 35 mm afin de les mettre sur le marché. Mais la location des films en 16 mm réalisés par ces producteurs, implique des frais.

L'Office national du film dispose de nombreux courts métrages dont plusieurs peuvent être utilisés dans un travail de groupe. De même certaines municipalités et certaines compagnies possèdent des cinémathèques ouvertes au public. La plupart du temps, ces courts métrages sont offerts gratuitement.

Utilisation

Le cinéma offre diverses possibilités. La projection d'un film soigneusement choisi peut très bien décrire une situation, susciter un échange ou évoquer une attitude; à l'animateur de faire la projection au moment opportun afin d'intégrer le film au cheminement du groupe. La réalisation d'un petit film en super 8 mm peut constituer un excellent travail de groupe. Il faudra cependant éviter de faire du cinéma un simple divertissement et veiller à donner une dimension de réflexion au projet qu'on élabore.

Deux remarques importantes: pour que la projection d'un film soit vraiment profitable au groupe, l'animateur doit bien le connaître. Il ne suffit pas de se fier au titre ou de savoir le résumé du scénario. De plus, il est souhaitable de réserver un film longtemps à l'avance (deux ou trois semaines) afin de s'assurer qu'il est disponible. Des catalogues de films 16 mm sont envoyés gratuitement sur demande.

Adresses des centres de distribution de l'O.N.F.

Chicoutimi
72 ouest, rue Cartier
Tél.: (418) 543-0711
Montréal
550 ouest, rue Sherbrooke
Tél.: (514) 283-4753 — 283-4685
Québec
Bureau 520, place d'Youville
100, Carré d'Youville
Tél: (418) 694-3176 — 694-3852
Rimouski
124, rue de Vimy
Tél.: (418) 723-6220
Sherbrooke
31 ouest, rue King
Tél.: (819) 565-4915
Trois-Rivières
Edifice Pollack, 5e étage
Tél.: (819) 375-5714

RUBANS MAGNÉTIQUES ET CASSETTES

Le ruban magnétique conserve les sons enregistrés. Il nécessite un magnétophone. Il va sans dire que toutes sortes d'enregistrements sont possibles pour usage privé, aussi bien ce que transmet un poste radiophonique qu'un tourne-disques. Mais la technique la plus originale reste l'enregistrement en direct. On peut ainsi retenir un discours, une conversation, un débat, un échange de points de vue.

Utilisation

L'animateur peut utiliser des conférences, des interviews, des témoignages ou des émissions radiophoniques qu'il aura enregistrés ou qu'il se sera procurés. Il peut encore recueillir les opinions et commentaires de diverses personnes compétentes sur le sujet étudié par le groupe. De même, les membres du groupe peuvent facilement utiliser le magnétophone pour effectuer une cueillette d'opinions et de commentaires sur le sujet étudié, faire des interviews, etc. Le ruban magnétique est un médium intéressant, car il favorise la créativité.

DISQUES

Le disque est une mémoire sonore. Il conserve une variété infinie de documents sonores: musique, chansons, poèmes, pièces de théâtre, discours, monologue, etc. Les disques sont facilement disponibles et leur prix varie selon leur qualité.

Utilisation

Si l'on veut étudier un thème, provoquer une réaction, amorcer une réflexion, pourquoi ne pas le faire avec une chanson? Si le groupe veut établir une problématique sur le sujet choisi, pourquoi ne pas se mettre à l'écoute des chansonniers contemporains? L'utilisation des disques peut avoir de multiples fonctions. A l'animateur de choisir celle qui convient le mieux au but visé.

PHOTOGRAPHIES

La photo conserve l'image de l'oeil. Parfois une photo en dit plus long qu'un texte. La photographie est partout. Les imprimés sont illustrés et soulignés par des photos. Tout voyageur a son appareil photo. Prendre des photos est devenu un jeu d'enfant. Et le fameux procédé Polaroïd permet même d'obtenir des photographies instantanées.

Utilisation

On peut utiliser des photos tirées de collections, de revues, de journaux, pour travailler sur le sujet choisi par le groupe. Il y a aussi certains avantages pour les membres du groupe à s'exprimer par la photo, soit qu'ils choisissent des photos déjà existantes soit qu'ils deviennent eux-mêmes photographes. La photo permet de concrétiser la pensée, de cueillir sur le vif les choses de la vie. Travailler avec des photos suscite l'imagination et la créativité.

DOCUMENTS ÉCRITS ET IMPRIMÉS

Les documents écrits ont l'avantage d'apporter un fort volume d'informations et de connaissances et permettent aux lecteurs de revenir sur un texte pour clarifier les données d'un problème. Toutefois, les documents écrits conservent une certaine austérité même si l'imprimé règne partout. Les formes les plus courantes se retrouvent dans les livres, les revues, les journaux, les dossiers, les études, les mémoires, les rapports, les textes de lois, les bulletins, etc.

Utilisation

En fournissant le matériel choisi, l'animateur peut inviter les membres du groupe à lire tel ou tel document écrit, soit pour faire démarrer une rencontre, soit pour approfondir certaines questions.

PERSONNES-RESSOURCES

Les personnes-ressources sont des gens qui, par leur expérience, leurs recherches, leur travail, connaissent assez bien les questions ou les sujets souvent discutés. Ces personnes peuvent se rendre disponibles pour aider, de diverses façons, un groupe qui travaille sur un sujet qu'elles maîtrisent. Il existe actuellement au Québec une foule d'organismes, de regroupements, d'associations, de clubs, de mouvements, de coopératives, de services, de centres, de comités, de conseils, de cercles, etc., qui peuvent fournir des personnes-ressources dans tous les domaines imaginables.

Utilisation

En partant de la question à l'étude, on devrait d'abord chercher dans son propre milieu qui pourrait être la personne-ressource. Un groupe peut inviter une personne-ressource soit pour donner de l'information, soit pour aider le groupe à mieux analyser un problème, soit pour apporter des éléments de solution ou d'organisation.

En invitant une personne-ressource, lui indiquer clairement le but de la rencontre, le type de communication qui sera utilisé (par exemple: conférence, panel), la durée de la communication, son sujet précis et les procédures prévues.

18. Rencontrer d'autres groupes

Dans un projet d'envergure, il arrive parfois que les petits groupes se sentent seuls et un peu perdus. Ils auraient besoin de savoir que d'autres groupes participent comme eux au même projet.

Nous croyons que des rencontres inter-groupes au niveau d'un quartier, d'une ville, d'une région peuvent être très utiles. Ces rencontres peuvent se faire en cours de projet ou encore en fin de projet.

Ces rencontres peuvent être l'occasion:

— d'échanger des expériences et, par là, de s'enrichir de ce qu'ont fait les autres;

— de créer une solidarité nouvelle dans le groupe (dans des rencontres avec d'autres groupes, on se serre les coudes);

— de s'allier à d'autres groupes pour réaliser avec eux une action qu'un groupe ne pourrait pas faire tout seul (par exemple: un projet au niveau d'une ville, d'une paroisse, d'une région . . .);

— de fêter ensemble, de partager; savoir fêter ensemble, cela aussi est extrêmement important pour créer des liens solides entre des gens qui vivent une même expérience.

Quand de tels regroupements peuvent se faire à partir de groupes locaux, ils peuvent constituer une force réelle qui permettra d'apporter une amorce de solution ou du moins d'amélioration à certaines conditions sociales devant lesquelles les individus, pris séparément, sont impuissants.

En réalité, il est toujours difficile de partager de l'information, et encore plus, son vécu, avec d'autres. Aussi, pour avoir quelque chance de réussite, ces rencontres doivent-elles être préparées avec le plus grand soin autour d'objectifs simples et clairs.

A l'expérience, il semble que la formule la plus intéressante soit encore celle d'un rassemblement de fête comportant un temps d'information mutuelle et d'échange bien structurés.

19. Quelques procédures utiles

Dans un projet d'éducation, l'essentiel réside surtout dans la qualité des échanges. Il faut que les participants puissent approfondir une question et se l'approprier. On doit donc surtout voir à ce que chacun participe le plus possible et protéger les faibles et les silencieux contre les bavards.

Mais il arrive aussi souvent qu'un groupe veuille prendre des décisions, formuler une résolution, procéder à une élection. D'où la nécessité de procédures simples, bien connues des syndiqués. Une procédure d'assemblée est très différente d'une démarche éducative. Elle est beaucoup plus difficile à utiliser et risque vite de glisser dans les jeux de procédures tracassiers. Mais il est des cas où c'est la seule manière de procéder.

Nous n'avons pas l'intention de proposer un code exhaustif de procédures compliquées et strictes. Bornons-nous à quelques renseignements et suggestions élémentaires.

IMPORTANCE DU PRÉSIDENT D'ASSEMBLÉE

Dans une assemblée délibérante, le président d'assemblée joue un rôle de premier plan. C'est lui qui donne la parole, qui juge si on est dans l'ordre ou non, qui veille à la bonne marche de toute la réunion. Les participants s'adressent toujours à lui et non à leurs opposants. Quand le président prend une décision de procédure, un participant, appuyé par un autre peut en appeler à l'assemblée contre la décision du président. Il dira donc: *J'en appelle de la décision du président.* Un autre peut alors dire: *J'appuie cet appel.* Sans débat, le président fait alors appel à l'assemblée pour savoir si sa décision doit être maintenue. Il faut une majorité des deux tiers pour renverser la décision du président.

Un bon président d'assemblée ne prend jamais part à la discussion. Il se contente de donner la parole dans l'ordre et de procéder aux points de l'ordre du jour. Il est au service de l'assemblée qui, elle seule, est souveraine. Il importe donc que le président connaisse bien son code de procédure. Le plus connu et le plus utilisé est le *code Morin.*

S'il s'agit de la réunion d'une association régie par une chartre, le président d'assemblée doit aussi connaître la chartre et les règlements de l'association en question.

L'ASSEMBLÉE

En assemblée délibérante, l'assemblée est souveraine. Elle n'est régie que par la chartre et les règlements. Pour le reste, elle peut changer l'ordre du jour, faire des propositions, décider de ce qu'elle veut. En certains cas d'ailleurs, il n'est pas rare de voir une assemblée décider de choses impossibles, irréalisables. Combien d'associations accumulent année après année des propositions de leurs congrès annuels sans que jamais elles ne soient mises en oeuvre. C'est qu'une assemblée jouit d'un certain sentiment de puissance, exaltant mais souvent trompeur.

Chaque personne présente à l'assemblée à titre de participant a le droit de parole. Le président donne aux participants la parole dans l'ordre où ils la lui ont demandée. Dans le cas où il s'aperçoit de la présence de bavards et de discoureurs, il peut suggérer à l'assemblée, avant d'entamer les procédures, de limiter la durée des interventions et leur fréquence. Sinon, il s'expose à ce que les gens recourent vite, et même trop vite, à la procédure-baillon: la question préalable. Rappelons que normalement, le proposeur d'une résolution a le dernier droit de réplique.

DROITS DES MEMBRES D'UN GROUPE

S'il existe un lieu où la liberté d'expression doit s'exercer, c'est bien à l'intérieur d'un groupe. Chacun peut soumettre ses propositions et les faire discuter librement. Le premier droit d'un membre du groupe est donc celui de la liberté de parole, utilisée dans les limites légitimes de ce droit. Il va de soi qu'on ne peut interrompre une personne qui a la parole à moins qu'elle ne sorte du sujet. Ajoutons aussi que chacun peut se plaindre au président s'il est attaqué personnellement d'une façon injuste: *Monsieur le président, je soulève une question d'ordre: l'orateur profite de son droit de parole pour m'attaquer injustement.*

ADOPTION DE L'ORDRE DU JOUR

Au début d'une réunion, le président présente habituellement les étapes de travail ou les questions à étudier. L'ensemble de ces étapes s'appelle couramment ordre du jour (le code Morin emploie l'expression «les ordres du jour» pour ce que nous appelons points à l'ordre du jour). Chaque question ou chaque étape de la discussion constitue *un point à l'ordre du jour.* Après avoir pris connaissance des points à l'ordre du jour, les membres peuvent intervertir ces points, les déplacer, en supprimer, ou en proposer d'autres. On dira, par exemple: *Je propose que l'ordre du jour No 6 passe avant le No 5* . Mais les différentes propositions de changement doivent habituellement être adoptées par un vote affirmatif des deux tiers des membres présents. Une fois l'ordre du jour adopté, il revient au président d'en faire respecter le déroulement et de ramener à la question abordée ceux qui s'en éloigneraient par toutes sortes d'interventions.

Petit ordre du jour type:

1. Ouverture de l'assemblée
2. Lecture et adoption du procès-verbal
3. Affaires découlant du procès-verbal
4. Affaires courantes
5. Première question à l'étude
6. Dernière question à l'étude
7. Varia (questions diverses non prévues à l'ordre du jour, mais que l'assemblée veut aborder)
8. Date de la prochaine assemblée
9. Levée de l'assemblée

LES DIFFÉRENTES FAÇONS DE VOTER

On peut voter de différentes façons, mais nous présentons ici les modes les plus couramment utilisés. On peut voter *en levant la main.* Ceux qui sont en faveur de la proposition commencent par lever la main, puis ceux qui lui sont opposés font de même. Le président compte les mains levées dans les deux cas successivement et donne les résultats. On peut aussi voter *par inscription des oui et des non.* Sur appel de chacun des membres par le secrétaire, le président recueille leur assentiment ou leur refus. Chacun a indiqué son choix sur un billet qu'il remet au secrétaire. Celui-ci compile les votes. Habituellement, c'est par la majorité (la moitié plus un) des votes exprimés que se décide le sort d'une proposition, excepté quand il s'agit d'accepter l'ordre du jour.

ADOPTION D'UNE PROPOSITION

Après avoir demandé la parole, un membre du groupe peut faire une proposition relative au sujet discuté. Une proposition doit toujours être appuyée par un autre membre: *J'appuie cette proposition, Monsieur le président.* Une fois la proposition appuyée, le président l'énonce de nouveau. Dès ce moment, elle appartient au groupe qui doit prendre une décision. Parfois, il est utile d'écrire la proposition quand elle est un peu longue. La discussion est alors ouverte, et les membres du groupe peuvent prendre la parole pour émettre des opinions, faire des commentaires. Il ne faut pas oublier ici que le proposeur a toujours le droit de répliquer.

Mais toute proposition est sujette à subir des changements. Ces changements s'appellent *amendements*. De même tout amendement peut subir des changements. Ces changements s'appellent sous-amendements. Jusqu'où peuvent aller ces changements? Ils ne peuvent contredire la proposition. On peut amender ou sous-amender de différentes manières: éliminer certains mots ou en ajouter d'autres; remplacer certains mots par d'autres; diviser la proposition afin d'en accepter une partie et de rejeter l'autre.

Prenons un exemple simple. Quelqu'un dit: *Je propose que le groupe construise une maison pour des personnes âgées.* Voici la proposition. Une autre personne suggère un changement à cette proposition, elle dit: *Je propose en amendement que les mots: «AVEC UN BALCON», soient intercalés après le mot maison.* Voici un amendement. Une troisième personne suggère un changement à cet amendement, elle dit: *Je propose que l'amendement suggéré à la proposition principale soit modifié en ajoutant les mots «AYANT DES BARREAUX», et qu'ainsi modifié l'amendement soit adopté.* Voici un sous-amendement.

Reprenons notre propos: comment fonctionner avec tous ces changements? Le président règle d'abord la question du sous-amendement par le vote. La majorité accepte ou refuse le sous-amendement. Ensuite, il passe à l'amendement. Ici encore c'est la majorité qui décide. Enfin le président relit à haute voix la proposition en tenant compte du sous-amendement et de l'amendement s'ils ont été acceptés et soumet la proposition au vote. C'est toujours la majorité qui l'emporte.

MISE EN CANDIDATURE ET ÉLECTION

Il n'est pas nécessaire qu'il y ait quelqu'un pour appuyer une mise en candidature. Au début, le président reçoit à tour de rôle les nominations et les proclame. Notons que tout membre proposé pour une candidature a le droit de refuser. Dans certains cas, on accepte la mise en candidature de personnes non présentes à l'assemblée. Après les mises en candidature, on passe au scrutin. Des gens désignés par le président et acceptés par l'assemblée jouent le rôle d'officiers d'élection. Ils distribuent les bulletins de vote et les dépouillent. Chaque votant inscrit sur son bulletin le nom de la personne qu'il veut voir élue. Le candidat élu doit obtenir la majorité absolue ou relative selon les cas. Dans le cas où il faut une majorité absolue, si aucun candidat ne l'a obtenue, on recommence le scrutin en éliminant le candidat qui a recueilli le plus faible nombre de votes jusqu'au moment où on arrive à la majorité requise *.

---

* Pour la présentation de ces quelques procédures on s'est inspiré du volume *Procédure des assemblées délibérantes* par V. Morin.

20. Critiquer ou évaluer ce qu'on a fait

«Ça a été drôlement intéressant!» «Ce que ça a été ennuyeux!» Très souvent la critique de ce qu'on a fait (ou: évaluation) se résume à cela. On a là une indication intéressante sur l'impression générale des gens. Mais cette réaction est nettement insuffisante: ce qui compte, c'est de savoir pourquoi ça a été «intéressant» ou pourquoi ça a été «ennuyeux».

POURQUOI ÉVALUER

Il est nécessaire de faire une évaluation pour trois raisons:

— Pour mieux se rendre compte de ce qu'on a vécu, en tirer un meilleur profit, mieux se connaître soi-même, mieux connaître les autres, mieux comprendre le fonctionnement du groupe: l'évaluation apprend souvent bien des choses.

— Pour apprendre à exprimer ses points de vue et s'habituer

à prendre la parole alors que souvent on se réfugie dans le silence par peur ou par gêne; par le fait d'avoir participé au travail du groupe, chaque membre acquiert un droit de parole à l'évaluation; la participation à l'évaluation laisse aussi le sentiment d'une participation plus vraie au projet.

— Pour mieux fonctionner dans d'autres expériences à venir. Le fait de savoir où sont ses points forts et ses points faibles comme participant ou animateur, aide à savoir quoi faire ou ne pas faire ensuite, dans des circonstances analogues. En fait, l'évaluation est beaucoup plus tournée vers l'avenir que vers le passé.

COMMENT ÉVALUER

L'évaluation peut se faire par écrit ou par oral. Dans un grand groupe, l'évaluation écrite permet à tous de s'exprimer et fournit des indications beaucoup plus précises qu'une évaluation orale: les gens osent écrire ce qu'ils n'osent pas dire publiquement.

Dans un petit groupe, par contre, l'évaluation orale est nettement plus adaptée et fournit une excellente occasion de se parler pour «de vrai».

QUOI ÉVALUER

Divers points peuvent être évalués. On se posera les questions suivantes qui sont les plus importantes:

— Dans quelle mesure a-t-on atteint le ou les buts fixés au départ?

— Quel a été le climat général du travail en groupe (amical ou hostile, détendu ou tendu, dynamique ou passif, communicatif ou fermé, etc.)? Pourquoi en a-t-il été ainsi?

— Que pense-t-on du fonctionnement du groupe: répartition des tâches, participation de chacun, activités adéquates, etc.? Pourquoi a-t-on fonctionné ainsi?

— Que pense-t-on du style d'animation adopté par l'animateur: autoritaire, démocratique, débonnaire? Pourquoi a-t-il choisi ce style?

— Que pense-t-on de la participation des membres du groupe: partage des tâches, sens de la responsabilité, indifférence, désengagement, etc.? Par quoi expliquer ce climat?

— Qu'est-ce que chacun pense avoir acquis au terme de la démarche: des connaissances nouvelles, une meilleure connaissance de soi-même, de la confiance en soi, une ouverture sur la société, etc.?

— De façon très générale est-on satisfait ou non de l'expérience vécue? Désireux d'en vivre une autre? Pourquoi?

Quel que soit le projet auquel on participe, l'évalution demeure toujours très importante: c'est à peu près le seul moyen sérieux de savoir ce qu'il en est au juste, de se mieux connaître soi-même et de mieux comprendre ce qu'on a vécu. A moins qu'on ait peur de se resituer face aux faits, ou peur de se rendre compte que les choses n'ont pas marché correctement: mais, en ce cas, on n'apprendra jamais rien! De toutes façons, tout le monde a toujours quelque chose à améliorer et le seul moyen de savoir quoi — si on veut progresser — c'est d'accepter d'évaluer ce qu'on fait. Sinon on navigue dans la brume et sans points de repère.

Un dernier mot en guise de conclusion:

On apprend surtout par l'action, une action réfléchie et évaluée.

Table des matières

Avant-propos 7

1. **Test personnel pour s'évaluer comme animateur** 9

2. **On apprend toute sa vie** 17

   Tout change si vite 17
   On apprend surtout en agissant 19
   Rendre l'apprentissage adulte plus facile 20

3. **L'animateur, pilier du groupe** 23

   L'animateur est nécessaire 23
   Fonctions du poste 24
   Compétences requises 24
   Aptitudes requises 24

4. **L'animateur doit-il tout savoir?** 27

   Distinguer animateur et expert 27
   En pratique 28

5. **Trois genres d'animateurs** 31

   Grille d'analyse 32

6. **Les membres d'un petit groupe** 37

   Eléments factuels 37
   Le leadership dans le groupe 38
   Rôles liés au leadership 39
   Réactions entre les membres d'un groupe 39

7. **Techniques pour animer un petit groupe** 41

   Personnalité de l'animateur 41

Rôle de l'animateur en réunion 41
L'animateur peut-il exprimer ses propres opinions? .. 42
Indications techniques pour aider les membres à
discuter 43

8. **Des cas difficiles dans un petit groupe** 47

Le silence prolongé d'un participant 47
Le bavardage intempérant d'un participant 47
Les déviants 48
Les fuites du groupe 48
Les silences du groupe 49

9. **Techniques pour animer un grand groupe** 51

Le colloque 52
Le forum 54
L'interview 56
Le panel 58
Le jeu de rôles 60
L'exposé 63
Le symposium 65
L'équipe de réactions 67
Le buzz-session 67
Le brainstorming 68
Le groupe d'écoute et d'observation 69
Le groupe de projection 70

10. **Des cas difficiles dans un grand groupe** 71

Le manque de participation du groupe 72
Le monopolisateur 73
L'agressivité vis-à-vis de la personne-ressource 74
Le conflit entre deux ou plusieurs tendances repré-
sentées dans le groupe 76

11. **Grand groupe ou petit groupe** 77

12. Le décor ou l'environnement matériel d'une rencontre 81

L'environnement matériel est important 81
Eléments à prévoir 81

13. Questions à régler dès les premières rencontres 83

14. Savoir ce que l'on veut faire 85

15. Trois grandes directions possibles dans un projet éducatif 87

Parcours centré sur l'information et les connaissances (le savoir) 87
Parcours centré sur les attitudes (le savoir-vivre ou savoir-être) 88
Parcours centré sur un projet à réaliser (le savoir-faire) 88

16. Prendre les moyens pour arriver au but visé 91

Des moyens à la portée du groupe 91
Comment choisir une technique, décider d'une activité, utiliser telle ou telle ressource? 92

17. Des ressources pour le travail de groupe 95

Emissions télévisées 95
Télévision par câble 96
Vidéographe 97
Emissions radiophoniques 97
Diaporamas 98
Films 99
Rubans magnétiques et cassettes 100
Disques 101
Photographies 101
Documents écrits et imprimés 102

Personnes-ressources 102

18. Rencontrer d'autres groups 105

19. Quelques procédures utiles 107

Importance du président d'assemblée 108
L'assemblée 108
Droits des membres d'un groupe 109
Adoption de l'ordre du jour 109
Les différentes façons de voter 110
Adoption d'une proposition 111
Mise en candidature et élection 112

20. Critiquer ou évaluer ce qu'on a fait 113

Pourquoi évaluer 113
Comment évaluer 114
Quoi évaluer 114

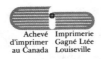

Achevé   Imprimerie
d'imprimer   Gagné Ltée
au Canada   Louiseville

Ouvrages parus aux
Éditions de l'Homme

Affaires et vie pratique

30 jours pour mieux organiser, Gary Holland
Acheter et vendre sa maison ou son condominium, Lucille Brisebois
* **Acheter une franchise,** Pierre Levasseur
* **Les assemblées délibérantes,** Francine Girard
* **La bourse,** Mark C. Brown
Le chasse-insectes dans la maison, Odile Michaud
* **Le chasse-insectes pour jardins,** Odile Michaud
Le chasse-taches, Jack Cassimatis
* **Choix de carrières — Après le collégial professionnel,** Guy Milot
* **Choix de carrières — Après le secondaire V,** Guy Milot
* **Choix de carrières — Après l'université,** Guy Milot
* **Comment cultiver un jardin potager,** Jean-Claude Trait
Comment rédiger son curriculum vitœ, Julie Brazeau
* **Comprendre le marketing,** Pierre Levasseur
Des pierres à faire rêver, Lucie Larose
* **Devenir exportateur,** Pierre Levasseur
L'étiquette des affaires, Elena Jankovic
* **Faire son testament soi-même,** Me Gérald Poirier et Martine Nadeau Lescault
Les finances, Laurie H. Hutzler
Gérer ses ressources humaines, Pierre Levasseur
Le gestionnaire, Marian Colwell
La graphologie, Claude Santoy
* **Le guide complet du jardinage,** Charles L. Wilson
Le guide de l'auto 91, Denis Duquet et Marc Lachapelle
Guide du savoir-écrire, Jean-Paul Simard
* **Le guide du vin 91,** Michel Phaneuf
* **Le guide floral du Québec,** Florian Bernard
Guide pratique des vins de France, Jacques Orhon
J'aime les azalées, Josée Deschênes
* **J'aime les bulbes d'été,** Sylvie Regimbal
J'aime les cactées, Claude Lamarche
* **J'aime les conifères,** Jacques Lafrenière
* **J'aime les petits fruits rouges,** Victor Berti
J'aime les rosiers, René Pronovost
J'aime les tomates, Victor Berti
J'aime les violettes africaines, Robert Davidson
J'apprends l'anglais..., Gino Silicani et Jeanne Grisé-Allard
Le jardin d'herbes, John Prenis
Je me débrouille en aménagement intérieur, Daniel Bouillon et Claude Boisvert
* **Lancer son entreprise,** Pierre Levasseur
Le leadership, James J. Cribbin
Le livre de l'étiquette, Marguerite du Coffre
* **La loi et vos droits,** Me Paul-Émile Marchand
Le meeting, Gary Holland
Le mémo, Cheryl Reimold
* **Mon automobile,** Gouvernement du Québec et Collège Marie-Victorin

Notre mariage — Étiquette et planification, Marguerite du Coffre
* Le nouveau guide des bons restaurants 1991, Josée Blanchette
* L'orthographe en un clin d'œil, Jacques Laurin
* Ouvrir et gérer un commerce de détail, C. D. Roberge et A. Charbonneau
  Le patron, Cheryl Reimold
  Piscines, barbecues et patios, Collectif
* La prévention du crime, Collectif
  Prévoir les belles années de la retraite, Michael Gordon
  Les relations publiques, Richard Doin et Daniel Lamarre
  Les secrets des maîtres vendeurs, Henry Porter
  La taxidermie moderne, Jean Labrie
* Les techniques de jardinage, Paul Pouliot
  Techniques de vente par téléphone, James D. Porterfield
* Le temps des purs — Les nouvelles valeurs de l'entreprise, David Olive
* Tests d'aptitude pour mieux choisir sa carrière, Linda et Barry Gale
* Tout ce que vous devez savoir sur le condominium, Robert Dubois
  Une carrière sur mesure, Denise Lemyre-Desautels
  L'univers de l'astronomie, Robert Tocquet
  La vente, Tom Hopkins

Affaires publiques, vie culturelle, histoire

* Artisanat québécois, tome 4, Cyril Simard et Jean-Louis Bouchard
  La baie d'Hudson, Peter C. Newman
  Beautés sauvages du Canada, Collectif
  Bourassa, Michel Vastel
  Les cathédrales de la mer, Marie-Josée Ouellet
  Le cauchemar olympique ou l'envers de la médaille, Sylvain Lake
* Claude Léveillée, Daniel Guérard
* Les conquérants des grands espaces, Peter C. Newman
  Dans la tempête — Le cardinal Léger et la révolution tranquille,
      Micheline Lachance
  La découverte de l'Amérique, Timothy Jacobson
* Dieu ne joue pas aux dés, Henri Laborit
* Duplessis, tome 1 — L'ascension, Conrad Black
* Duplessis, tome 2 — Le pouvoir, Conrad Black
* Les écoles de rang au Québec, Jacques Dorion
  L'establishment canadien, Peter C. Newman
* Le frère André, Micheline Lachance
  La généalogie, Marthe F. Beauregard et Ève B. Malak
* Gilles Villeneuve, Gerald Donaldson
* Gretzky — Mon histoire, Wayne Gretzky et Rick Reilly
* Les insolences du frère Untel, Jean-Paul Desbiens
* Larry Robinson, Larry Robinson et Chrystian Goyens
  Les mots de la faim et de la soif, Hélène Matteau
* Notre Clémence, Hélène Pedneault
* Les nouveaux riches, tome 2 — L'establishment canadien, Peter C. Newman
* Option Québec, René Lévesque
* L'or des cavaliers thraces, Collectif
  Oui, René Lévesque
  Parce que je crois aux enfants, Andrée Ruffo
  Les patients du docteur Cameron, Anne Collins
* Plamondon — Un cœur de rockeur, Jacques Godbout
* Le prince de l'église, Micheline Lachance
* Provigo, René Provost et Maurice Chartrand

* La saga des Molson, Shirley E. Woods
Sauvez votre planète!, Marjorie Lamb
* La sculpture ancienne au Québec, John R. Porter et Jean Bélisle
* Sous les arches de McDonald's, John F. Love
* Le temps des fêtes au Québec, Raymond Montpetit
* Trudeau le Québécois, Michel Vastel
* La vie antérieure, Henri Laborit

Cuisine et nutrition

100 recettes de pain faciles à réaliser, Angéline Saint-Pierre
* À table avec sœur Angèle, Sœur Angèle
Les aliments qui guérissent, Jean Carper
Le barbecue, Patrice Dard
* Bonne table et bon cœur, Anne Lindsay
Brunches et petits déjeuners en fête, Yolande Bergeron
Cocktails de fruits non alcoolisés, Lorraine Whiteside
Combler ses besoins en calcium, Denyse Hunter
* Comme chez grand-maman Biondi, J. Biondi et C. Lanzillotta
Comment nourrir son enfant, Louise Lambert-Lagacé
* Le compte-calories, Micheline Brault-Dubuc et Liliane Caron-Lahaie
* Le compte-cholestérol, M. Brault-Dubuc et L. Caron-Lahaie
* Les confitures, Misette Godard
La congélation de A à Z, Joan Hood
Les conserves, Sœur Berthe
Crème glacée et sorbets, Yves Lebuis et Gilbert Pauzé
La cuisine au wok, Charmaine Solomon
Cuisine aux micro-ondes 1 et 2 portions, Marie-Paul Marchand
* La cuisine chinoise traditionnelle, Jean Chen
* La cuisine créative Campbell, Campbell
* La cuisine joyeuse de sœur Angèle, Sœur Angèle
Cuisiner avec le four à convection, Jehane Benoit
* Cuisiner avec les champignons sauvages du Québec, Claire L. Leclerc
* Cuisine santé pour les aînés, Denyse Hunter
Le défi alimentaire de la femme, Louise Lambert-Lagacé
* La diète rotation, Dr Martin Katahn
Faire son pain soi-même, Janice Murray Gill
* Faire son vin soi-même, André Beaucage
La fine cuisine aux micro-ondes, Patrice Dard
* Gastronomie minute, Julien Letellier
Le livre du café, Julien Letellier
Menus et recettes du défi alimentaire de la femme, Louise Lambert-Lagacé
Les menus minute Weight Watchers, Weight Watchers
Menus pour recevoir, Julien Letellier
Micro-ondes plus, Marie-Paul Marchand
Modifiez vos recettes traditionnelles, Denyse Hunter
Les muffins, Angela Clubb
La nouvelle cuisine micro-ondes, Marie-Paul Marchand et Nicole Grenier
La nouvelle cuisine micro-ondes II, Marie-Paul Marchand et Nicole Grenier
Les pâtes, Julien Letellier
* La pâtisserie, Maurice-Marie Bellot
La sage bouffe de 2 à 6 ans, Louise Lambert-Lagacé
Les tisanes qui font merveille, Dr Leonhard Hochenegg et Anita Höhne
* Toutes les meilleures pizzas, Joie Warner
* Toutes les meilleures salades et vinaigrettes, Joie Warner

* **Toutes les meilleures sauces pour les pâtes**, Joie Warner
Une cuisine sage, Louise Lambert-Lagacé
Votre régime contre l'arthrite, Helen MacFarlane
Votre régime contre le diabète, Martin Budd
Votre régime contre le psoriasis, Harry Clements
Votre régime pour contrôler le cholestérol, R. Newman Turner
Weight Watchers — La cuisine santé, Weight Watchers
Les yogourts glacés, Mable et Gar Hoffman

Plein air, sports, loisirs

* **100 trucs de billard**, Pierre Morin
52 Week-ends au Québec, André Bergeron
L'ABC du bridge, Frank Stewart et Randall Baron
Apprenez à patiner, Gaston Marcotte
L'arc et la chasse, Greg Guardo
Les armes de chasse, Charles Petit-Martinon
L'art du pliage du papier, Robert Harbin
La batterie sans professeur, James Blades et Johnny Dean
La bicyclette, Jean Corbeil
Carte et boussole, Björn Kjellström
Le chant sans professeur, Graham Hewitt
Le clavier électronique sans professeur, Roger Evans
* **Les clés du scrabble**, Pierre-André Sigal et Michel Raineri
Comment vivre dans la nature, Bill Rivière et l'équipe de L. L. Bean
Le conditionnement physique, Richard Chevalier, Serge Laferrière et Yves Bergeron
* **Construire des cabanes d'oiseaux**, André Dion
Corrigez vos défauts au golf, Yves Bergeron
* **Le curling**, Ed Lukowich
De la hanche aux doigts de pieds — Guide santé pour l'athlète,
    M. J. Schneider et M. D. Sussman
Devenir gardien de but au hockey, François Allaire
* **Le dictionnaire des bruits**, Jean-Claude Trait et Yvon Dulude
Exceller au baseball, Dick Walker
Exceller au football, James Allen
Exceller au tennis, Charles Bracken
Exceller en natation, Gene Dabney
La flûte traversière sans professeur, Howard Harrison
Le golf au féminin, Yves Bergeron et André Maltais
Grandir en 100 exercices, Henri B. Zimmer
Le grand livre des sports, Le groupe Diagram
Le guide complet du judo, Louis Arpin
Le guide de l'alpinisme, Massimo Cappon
Le guide de la pêche au Québec, Jean Pagé
Guide des jeux scouts, Association des Scouts du Canada
Le guide de survie de l'armée américaine, Collectif
Guide de survie en forêt canadienne, Jean-Georges Desheneaux
La guitare, Peter Collins
La guitare sans professeur, Roger Evans
J'apprends à dessiner, Joanna Nash
J'apprends à nager, Régent la Coursière
Je me débrouille à la chasse, Gilles Richard
Je me débrouille à la pêche, Serge Vincent
* **Jouez gagnant au golf**, Luc Brien et Jacques Barrette
Jouons au scrabble, Philippe Guérin

Le karaté Koshiki, Collectif
Le livre des patiences, Maria Bezanovska et Paul Kitchevats
* **Maîtriser son doigté sur un clavier,** Jean-Paul Lemire
Manuel de pilotage, Transport Canada
Le manuel du monteur de mouches, Mike Dawes
Le marathon pour tous, Pierre Anctil, Daniel Bégin et Patrick Montuoro
La médecine sportive, Dr Gabe Mirkin et Marshall Hoffman
La musculation pour tous, Serge Laferrière
* **La nature en hiver,** Donald W. Stokes
* **Les papillons du Québec,** Christian Veilleux et Bernard Prévost
* **Partons en camping!,** Archie Satterfield et Eddie Bauer
Partons sac au dos, Archie Satterfield et Eddie Bauer
Les passes au hockey, Claude Chapleau, Pierre Frigon et Gaston Marcotte
Photos voyage, Louis-Philippe Coiteux et Michel Frenette
Le piano jazz sans professeur, Bob Kail
Le piano sans professeur, Roger Evans
La planche à voile, Gérald Maillefer
La plongée sous-marine, Richard Charron
Le programme 5BX, pour être en forme,
Racquetball, Jean Corbeil
Racquetball plus, Jean Corbeil
Les règles du golf, Yves Bergeron
Rivières et lacs canotables du Québec, Fédération québécoise du canot-camping
S'améliorer au tennis, Richard Chevalier
Le saumon, Jean-Paul Dubé
* **Le scrabble,** Daniel Gallez
Les secrets du baseball, Jacques Doucet et Claude Raymond
Le solfège sans professeur, Roger Evans
La technique du ski alpin, Stu Campbell et Max Lundberg
Techniques du billard, Robert Pouliot
Le tennis, Denis Roch
Le tissage, Germaine Galerneau et Jeanne Grisé-Allard
Tous les secrets du golf selon Arnold Palmer, Arnold Palmer
La trompette sans professeur, Digby Fairweather
Le violon sans professeur, Max Jaffa
Le vitrail, Claude Bettinger
Le volley-ball, Fédération de volley-ball

Psychologie, vie affective, vie professionnelle, sexualité

30 jours pour redevenir un couple heureux, Patricia K. Nida et Kevin Cooney
30 jours pour un plus grand épanouissement sexuel, Alan Schneider et
    Deidre Laiken
Adieu Québec, André Bureau
À dix kilos du bonheur, Danielle Bourque
Aider mon patron à m'aider, Eugène Houde
* **Aider son enfant en maternelle et en première année,** Louise Pedneault-Pontbriand
À la découverte de mon corps — Guide pour les adolescentes, Lynda Madaras
À la découverte de mon corps — Guide pour les adolescents, Lynda Madaras
L'amour comme solution, Susan Jeffers
* **L'amour, de l'exigence à la préférence,** Lucien Auger
Les années clés de mon enfant, Frank et Theresa Caplan
Apprivoiser l'ennemi intérieur, Dr George R. Bach et Laura Torbet
L'art d'aider, Robert R. Carkhuff
L'art de l'allaitement maternel, Ligue internationale La Leche

L'art d'être parents, Dr Benjamin Spock
L'autodéveloppement, Jean Garneau et Michelle Larivey
Avoir un enfant après 35 ans, Isabelle Robert
Bientôt maman, Janet Whalley, Penny Simkin et Ann Keppler
* **Le bonheur au travail,** Alan Carson et Robert Dunlop
Le bonheur possible, Robert Blondin
Ces hommes qui méprisent les femmes... et les femmes qui les aiment,
    Dr Susan Forward et Joan Torres
Ces hommes qui ne peuvent être fidèles, Carol Botwin
Ces visages qui en disent long, Jeanne-Élise Alazard
Changer ensemble — Les étapes du couple, Susan M. Campbell
Le cœur en écharpe, Stephen Gullo et Connie Church
Comment communiquer avec votre adolescent, E. Weinhaus et K. Friedman
Comment déborder d'énergie, Jean-Paul Simard
Comment faire l'amour à un homme, Alexandra Penney
Comment garder son homme, Alexandra Penney
Le complexe de Casanova, Peter Trachtenberg
Comprendre et interpréter vos rêves, Michel Devivier et Corinne Léonard
Découvrez votre quotient intellectuel, Victor Serebriakoff
Découvrir un sens à sa vie avec la logothérapie, Viktor E. Frankl
La deuxième année de mon enfant, Frank et Theresa Caplan
Les douze premiers mois de mon enfant, Frank Caplan
Les écarts de conduite, Dr John Pearce
* **En attendant notre enfant,** Yvette Pratte Marchessault
Les enfants de l'autre, Erna Paris
L'enfant unique — Enfant équilibré, parents heureux, Ellen Peck
L'étonnant nouveau-né, Marshall H. Klaus et Phyllis H. Klaus
Être soi-même, Dorothy Corkille Briggs
Évoluer avec ses enfants, Pierre-Paul Gagné
Exercices aquatiques pour les futures mamans, Joanne Dussault et
    Claudia Demers
La femme indispensable, Ellen Sue Stern
Finies les phobies!, Dr Manuel D. Zane et Harry Milt
La flexibilité — Savoir changer, c'est réussir, P. Donovan et J. Wonder
La force intérieure, J. Ensign Addington
Le grand manuel des arts divinatoires, Sasha Fenton
Le grand manuel des cristaux, Ursula Markham
Les grands virages — Comment tirer parti de tous les imprévus de la vie,
    R. H. Lauer et J. C. Lauer
Le guide du succès, Tom Hopkins
L'histoire merveilleuse de la naissance, Jocelyne Robert
L'horoscope chinois 1991, Neil Somerville
L'infidélité, Wendy Leigh
L'intuition, Philip Goldberg
J'aime, Yves Saint-Arnaud
J'ai quelque chose à vous dire..., B. Fairchild et N. Hayward
J'ai rendez-vous avec moi, Micheline Lacasse
Le journal intime intensif, Ira Progoff
Lis cette page, s'il te plaît, N. Chesanow et G. L. Ersersky
Le mal des mots, Denise Thériault
Ma sexualité de 0 à 6 ans, Jocelyne Robert
Ma sexualité de 6 à 9 ans, Jocelyne Robert
Ma sexualité de 9 à 12 ans, Jocelyne Robert
La méditation transcendantale, Jack Forem
Le mensonge amoureux, Robert Blondin
Mon enfant naîtra-t-il en bonne santé?, Jonathan Scher et Carol Dix

* **Nous, on en parle,** Marcelle Lamarche et Pol Danheux
* **Parle-moi...** j'ai des choses à te dire, Jacques Salomé
  Parlez-leur d'amour, Jocelyne Robert
  Parlez pour qu'on vous écoute, Michèle Brien
  Penser heureux — La conquête du bonheur, image par image,
  Lucien Auger
  Perdant gagnant! — Réussissez vos échecs, Carole Hyatt et Linda Gottlieb
  Père manquant, fils manqué, Guy Corneau
  Les peurs infantiles, Dr John Pearce
* **Les plaisirs du stress,** Dr Peter G. Hanson
  Pourquoi l'autre et pas moi? — Le droit à la jalousie,
  Dr Louise Auger
* **Pour vous future maman,** Trude Sekely
  Préparez votre enfant à l'école, Louise Doyon-Richard
  Prévenir et surmonter la déprime, Lucien Auger
* **Psychologie de l'amour romantique,** Dr Nathaniel Branden
  Psychologie de l'enfant de 0 à 10 ans, Françoise Cholette-Pérusse
  La puberté, Angela Hines
  La puissance de l'intention, Richard J. Leider
  Respirations et positions d'accouchement, Joanne Dussault
  S'affirmer et communiquer, Jean-Marie Boisvert et Madeleine Beaudry
  S'aider soi-même davantage, Lucien Auger
  Se changer, Michael J. Mahoney
  Se comprendre soi-même par des tests, Collaboration
  Se connaître soi-même, Gérard Artaud
  Se guérir de la sottise, Lucien Auger
  La séparation du couple, Robert S. Weiss
  La sexualité du jeune adolescent, Dr Lionel Gendron
  Si je m'écoutais je m'entendrais, Jacques Salomé et Sylvie Galland
  Si seulement je pouvais changer!, Patrick Lynes
  Les soins de la première année de bébé, Paula Kelly
  Stress et succès, Peter G. Hanson
  Le syndrome de la corde au cou, Sonya Rhodes et Marlin S. Potash
  La tendresse, Nobert Wölfl
  Tout se joue avant la maternelle, Masaru Ibuka
  Transformer ses faiblesses en forces, Dr Harold Bloomfield
  Travailler devant un écran, Dr Helen Feeley
  Un second souffle, Diane Hébert
  Vouloir c'est pouvoir, Raymond Hull

Santé, beauté

  30 jours pour avoir de beaux ongles, Patricia Bozic
  30 jours pour cesser de fumer, Gary Holland et Herman Weiss
  30 jours pour perdre son ventre (pour hommes), Roy Matthews et
  Nancy Burstein
* **L'ablation de la vésicule biliaire,** Jean-Claude Paquet
  Alzheimer — Le long crépuscule, Donna Cohen et Carl Eisdorfer
  L'arthrite, Dr Michael Reed Gach
  Charme et sex-appeal au masculin, Mireille Lemelin
  Comment arrêter de fumer pour de bon, Kieron O'Connor, Robert Langlois et
  Yves Lamontagne
  Comment devenir et rester mince, Dr Gabe Mirkin
  De belles jambes à tout âge, Dr Guylaine Lanctôt
  Dos fort bon dos, David Imrie et Lu Barbuto

Être belle pour la vie, Bronwen Meredith
Le guide complet des cheveux, Philip Kingsley
L'hystérectomie, Suzanne Alix
Initiation au shiatsu, Yuki Rioux
Maigrir: la fin de l'obsession, Susie Orbach
Le manuel Johnson & Johnson des premiers soins, Dr Stephen Rosenberg
Maux de tête et migraines, Dr Jacques P. Meloche et J. Dorion
Mini-massages, Jack Hofer
Perdre son ventre en 30 jours, Nancy Burstein
Programme XBX de l'aviation royale du Canada, Collectif
Le régime hanches et cuisses, Rosemary Conley
Le rhume des foins, Roger Newman Turner
Ronfleurs, réveillez-vous!, Jocelyne Delage et Jacques Piché
Savoir relaxer — Pour combattre le stress, Dr Edmund Jacobson
Le supermassage minute, Gordon Inkeles
Le syndrome prémenstruel, Dr Caroline Shreeve
Vivre avec l'alcool, Louise Nadeau

* Pour l'Amérique du Nord seulement